축구하자!

축구하자!

무리뉴 덕후, 사회인 축구 감독 되다

초판 1쇄 인쇄	2017년 4월 21일
초판 1쇄 발행	2017년 4월 28일

지은이	이종인
발행처	이야기나무
발행인/편집인	김상아
아트디렉터	박기영
기획/편집	박선정, 김정예
홍보/마케팅	한소라
디자인	송민선
인쇄	중앙P&L
등록번호	제25100-2011-304호
등록일자	2011년 10월 20일
주소	서울시 마포구 양화로 10길 50 마이빌딩 5층 (04047)
전화	02-3142-0588
팩스	02-334-1588
이메일	book@bombaram.net
홈페이지	www.yiyaginamu.net
페이스북	www.facebook.com/yiyaginamu
블로그	blog.naver.com/yiyaginamu
인스타그램	@yiyaginamu_
YellowID	@이야기나무

ISBN	979-11-85860-32-9
값	15,000원

이 도서의 국립중앙도서관 출판예정도서목록(CIP)은 서지정보유통지원시스템 홈페이지(http://seoji.nl.go.kr)와 국가자료공동목록시스템(http://www.nl.go.kr/kolisnet)에서 이용하실 수 있습니다.(CIP제어번호:2017009103)

축구하자!

이종인 지음

 이야기나무

프롤로그

: 진짜 축구는 TV 속이 아닌
운동장에 있다

나는 대한민국의 흔한 축구팬이다. 응원하는 팀의 경기는 밤을 새우는 한이 있어도 생중계로 보는 것이 예의라 생각하고, 아이돌 가수는 몰라도 축구 선수들의 얼굴과 이름을 모르는 것은 수치라고 생각하며, 기껏 비싼 돈 주고 구입한 유니폼을 잠옷으로 입는 평범한 축구팬 말이다.

이 책도 나처럼 특별할 것 없는 사람들의 이야기로 가득 차 있다. 만약 당신의 주변에 축구 시합 전날 밤, 설레는 마음을 달래기 위해 좋아하는 선수의 하이라이트 영상을 찾아보는 친구들이나 학창 시절 체육 시간을 가장 좋아했던(하는) 친구들, 그리고 주말 예능 편성표보다 해외 축구 중계 일정을 더 잘 꿰고 있는 친구들이 있다면 반드시 이 책을 추천하기 바란다.

또한, 이 책에는 사회인 축구에 대한 선입견과 편견을 깨부술 마법과 '도대체 왜 우리네 아버지가 춥고 더운 날씨에도 아랑곳하지 않고 새벽같이 일어나 운동장으로 향하는지', 그리고 '평소에는 밥 한 번, 술 한 잔 사지 않던 친구들이 유니폼과 축구화를 사는 데는 왜 그렇게 많은 돈을 투자하는지'와 같은 미스터리를 해결할 수 있는 단서가 잔뜩 들어 있다. 지난 2013년부터 사회인 축구팀 감독으로 팀을 운영하면서 배우고 깨달은 나만의 노하우는 덤이다.

나는 오래 전부터 '축구를 주제로 책을 쓰고 싶다!'는 꿈이 있었다. 그리고 그 꿈은 이렇게 현실이 되었다. 불가능은 아무것도 아니라던 데이비드 베컴의 말은 사실이었다. 부디 이 책이 세상 모든 아마추어의 꿈과 열정에 기름을 부어주길 바라며

자, 이제 킥 오프를 할 시간이다.

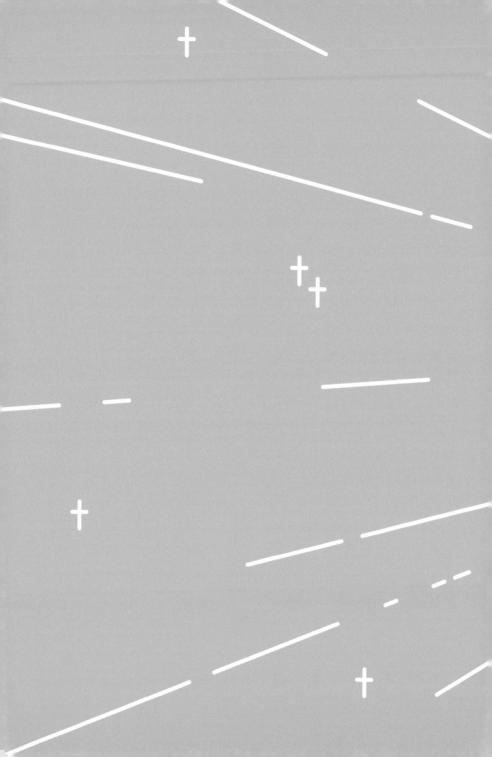

1

이감독 비긴즈 :

축덕,
감독이 되다

01
장래희망, 국가대표 축구선수

어린 시절 장래희망을 기억하는가? 대통령, 과학자, 게임 프로그래머, 선생님 등 쟁쟁하고 다양한 후보군 중에서 내가 가장 되고 싶었던 것은 우리나라를 대표하는 축구선수였다. 내가 좋아하는 축구를 직업으로, 그것도 국가대표 축구선수가 되어 월드컵에 나가게 된다면 세상 부러울 것이 없을 것 같았다. 그래서일까? 어린 시절 앨범에도 축구공을 들고 있거나 운동장에서 공을 차는 사진이 많은데, 부모님께 여쭈어보니 내가 다른 장난감보다 공을 가지고 노는 것을 유난히 좋아했다고 한다.

주위 환경 또한 내가 축구에 빠져드는 데 한몫을 했다. 집과 멀지 않은 곳에 동네 꼬마들이 모이는 놀이터가 있어 공만 있으면 언제든 축구를 할 수 있었고, 내가 다닌 초등학교에서 가장 인기 있는 스포츠가 농구나 야구가 아닌 축구였기 때문에 6년 내내 원 없이 공을 차며 뛰어놀 수 있었다. 친한 친구들도 대부분 축구를 좋아했다. (다시 생각해 보니 축구를 좋아하는 아이들과 더 친하게 지냈던 것 같다.) 단 하나 아쉬웠던 것은 모든 학생이 뛰어 놀기에 우리가 다녔던 초등학교 운동장이 너무 좁다는 것이었다. 덕분에 점심시간마다 네 팀에서 여섯 팀이 한데 어우러져 시합을 해야 했지만, 우리의 축구사랑을 막을 수는 없었다. 우리는 매일 공을 차며 놀았고, 때로는 축구화를 신고 등교하기도 했다.

초등학교 4학년 때는 어릴 때부터 함께 공을 차며 놀던 친구가 전문 축구부가 있는 학교로부터 스카우트 제의를 받는 일이 있었다. 녀석에게는 분명 특별한 재능이 있었다. 중앙선에서 때린 중거리 슈팅을 골로 연결하는가 하면, 수비수 서너 명쯤은 가볍게 따돌렸고, 고학년 선배들과 시합을 해도 전혀 밀리지 않거나 오히려 실력이 좋았다. 나는 좋은 기회를 얻은 친구를 진심으로 축하했지만 동시에 그 녀석이 너무 부러웠다. 그리고는 결국 부모님께 친구의 소식을 전하면서 "나도 축구를 제대로 해 보고 싶다!"고 속마음을 꺼냈다. 하지만 부모님께서는 운동선수가 되기 위해 넘어야 할 장애물이 얼마나 많은지에 대해 자세히 설명해 주시는 것으로 대답을 대신하셨다. 그때 금방 부모님의 말씀에 동의했던 것을 보면 스스로도 분명 운동선수의 길이 쉽지 않을 거라는 사실을 직감했던 것 같다.

스카우트 제안을 받은 며칠 후 친구가 진지한 표정으로 내게 물었다.

"축구를 해야 할지, 공부를 계속해야 할지 모르겠어. 정말 어려운 결정이야. 네 생각은 어때?"

당시만 해도 축구부 활동과 공부를 병행하기 힘들다는 인식이 팽배했다. 그의 물음에 나는 이렇게 대답했다.

"지금이 아니면 좋아하는 축구를 제대로 해 볼 기회가 있을까? 공부는 틈틈이 하면 되고, 일단 해보고 그만둬도 나쁘지 않을 것 같아. ㅣ라면 축구를 선택할 것 같은데?"

부러움이 섞인 대답이었다. 하지만 나는 진심으로 친구가 축구를 선택하길 바랐다. 녀석은 머리도 좋고 공부도 곧잘 하는 아이였지만 축구를 선택한다면 최고가 될 수 있는 자질이 충분했다. 나의 대답이 도움이 되었는지는 모르지만, 고민 끝에 그는 결국 축구를 선택했고 대학 무대를 평정한 뒤 프로 축구선수가 되었다.

친구가 떠나고 2년 후 나는 군 대표로 경기도 초등학생 축구대회에 참가했다. 그 당시 내가 살고 있던 지역에는 합숙하며 전문적으로 훈련하는 초등학교 축구팀이 없었다. 그래서 대회에 참가하기 위해 각 학교에서 선수들을 추려 군 대표팀을 만들었는데, 골키퍼 포지션에서 뛸 수 있는 선수들이 많지 않아 내가 운 좋게 대표로 선발된 것이다. 대회는 수원에서 치러졌고, 대회 일정에는 축구 시합뿐 아니라 준공 막바지였던 수원 월드컵 경기장 견학과 수원 삼성 블루윙즈 선수들과의 만남 등 여러 프로그램이 포함되어 있었다.

하지만 우리 팀의 대회 성적은 좋지 못했다. 토너먼트 1회전에서 0:2로 패배하며 곧바로 짐을 싸게 된 것이다. 요즘 말마따나 '광속 탈락'이었다. 하지만 2년 뒤에 월드컵 경기가 치러질 경기장에서 샤샤, 고종수, 박건하 등 국내 최고의 선수들을 만나고 다른 지역의 친구들과 함께 축구 실력을 겨룬 것은 정말 멋진 경험이었다.

중학교 때는 축구와 농구를 병행했다. 학교에 농구 관련 시설이 잘되어 있기도 했고, 키가 180cm를 훌쩍 넘게 자라 신체 조건도 유리했기 때문이다. (축구부에 뽑히지 않은 것은 비밀!) 하지만 학기마다 열리는 반 대항 축구대회나 체육대회에는 빠지지 않고 축구선수를 자원해 뛰었다. 대한민국을 뒤흔들었던 2002한일월드컵이 열린 것이 이맘때였다.

고등학교를 거치며 나의 축구 인생은 한 단계 더 도약한다. 내가 다닌 학교는 대학 진학이 최우선 목표인 인문계 고등학교였지만 학기마다 지역에서 열리는 고교대항 축구대회 출전을 위해 정식으로 축구부를 운영하고 있었고, 국가대표 상비군 골키퍼 출신 체육 선생님께서 축구부 감독을 맡고 계신 덕분에 체계적으로 축구를 배울 수 있었다. 나는 초등학교 시절 내가 경기도 대항 축구대회에 참가한 것을 알고 있던 친구들의 추천을 받아 축구부에 입단하게 되었다.

매일 합숙 훈련을 하지는 않았지만, 대회 일정이 정해지면 치열하게 입시 공부와 운동을 병행했다. 팀원들의 열정과 감독님의 훌륭한 지도로 우리 팀은 3년 동안 지역 내 우승 트로피를 놓치지 않는 강팀으로 군림했다. 현역 시절 나와 같은 골키퍼 포지션이었던 감독님께서는 내게 축구 기본기를 비롯해 다양한 훈련 방법과 실전 스킬을 지도해 주셨다. 이때 배우고 익힌 것들은 훗날 내가 사회인 축구를 하는 데 큰 도움이 되었다.

축구가 너무 하고 싶어요

초등학교 때 다른 친구들보다 훌쩍 큰 키 덕분에 골키퍼 장갑을 낀 것이 고등학교 3학년 때까지 이어졌다. 사실 내가 꿈꾸던 포지션은 스트라이커였지만, 고등학교를 졸업한 후에야 비로소 골키퍼 포지션에서 졸업할 수 있었다.

내가 대학교에서 전공한 교육학과에는 남학생보다 여학생들이 훨씬 더 많았고, 몇 안 되는 남학생들 또한 공과 그리 친하지 않았다. 스트라이커로 거듭날 기회였다.

놀랍게도 '축구공 기피증'은 학과를 넘어 인문대 전체에 널리 퍼져 있었다. 나는 선배들에게 내가 고등학교 축구부 출신이라는 사실을 강력하게 어필했고, 그 결과 스트라이커 포지션뿐만 아니라 학과 축구팀원들의 포지션과 전술을 책임지는 일종의 감독 역할까지 맡게 되었다.

대학 2학년을 마치고 간 군대에서도 축구는 계속되었다. 부대원들의 체육 활동을 장려해 주신 중대장님 덕분에 일과 후와 주말에 원 없이 축구를 할 수 있었고, 당시 청소년 대표였던 지동원의 광양제철고 축구부 1년 선배가 이웃 부대로 전입하면서 세미-프로의 실력에 감탄하기도 했다. 몇 달 후에는 국내 3부 리그 팀에서 코치로 활동하다 온 신병이 이웃 부대로 전입해왔다. 종종 이웃 부대와 내기 축구를 하던 우리에게는 비보였지만, 이들과 함께 축구를 할 수 있다는 것은 승패를 떠나 그 자체만으로도 즐거운 일이었다.

제대 후 큰 뜻과 야망을 품고 대학에 돌아왔지만, 예상과 달리 복학생은 어색하고 슬픈 포지션이었다. 학과 휴게실은 이제 더 이상 마음 편히 머무를 수 있는 공간이 아니었다. 갈 곳이 필요했던 나는 '야생마'라는 이름의 인문대 축구 동아리에 가입하는 것으로 슬픔을 달랬다.

축구를 좋아하는 사람들과 함께하는 시간은 시시콜콜한 농담에서부터 함께 먹고 마시는 것까지 어느 하나 즐겁지 않은 일이 없었다. 단 하나 아쉬운 점이 있다면 축구 경기의 빈도와 간격이 들쭉날쭉하다는 것이었다. 운동장 하나를 여러 동아리와 학과가 함께 사용하다 보니 일주일은커녕 한 달 내내 경기를 하지 못하는 경우도 있었다. 대학에는 축구 외에도 재미있는 일들이 많았지만, 나사가 빠진 듯 무언가 부족한 느낌을 지울 수 없었다. 나는 축구가 정말 하고 싶었다.

축구를 하고 싶다는 내 간절한 마음에 누군가 응답이라도 한 걸까? 기회는 우연을 가장해 찾아왔다. 평소처럼 동아리방에서 선후배들과 수다를 떨던 중 한 선배가 주말마다 사회인 축구팀에서 뛴다는 이야기를 듣게 되었다. 귀가 번쩍 뜨인 나는 질문을 쏟아냈고, 이미 동아리 내에 사회인 축구팀에서 활동하는 회원이 여럿 있다는 사실도 알게 되었다. 망설일 필요가 없었다. 그리고 얼마 뒤 나는 사회인 축구 데뷔전을 치렀다.

사실 이 팀에서의 경기가 내 생애 첫 사회인 축구는 아니었다. 종교는 없지만, 축구가 하고 싶어 교회 대항 친선경기에서 뛰기도 했고, 고등학교 때 다니던 독서실 사장님의 고향 친구들팀에 초대되어 경기를 한 적도 있다. 하지만 회비를 내며 매주 정기적으로 축구를 하는 '정식 사회인 축구팀'에 들어간 것은 이때가 처음이었다. 비슷한 시기에 동아리 친구들과 선후배 여럿이 추가로 팀에 가입했고, 덕분에 더 쉽고 재미있게 팀에 적응할 수 있었다.

02
동네 축구 무리뉴

팀에 소속되어 축구를 한다는 것은 정말 즐거운 일이었다. 뙤약볕이 내리쬐는 한여름에도, 땀방울마저 얼어버릴 것 같은 한겨울에도 우리는 함께 공을 찼다. 어릴 적 꿈꾸던 직업 축구선수가 된 것도, 태극마크를 단 것도 아니었지만, 아무래도 상관없었다. 일요일마다 대여섯 시간씩 축구를 하고 해가 뉘엿뉘엿 질 때쯤 집에 들어오면서도 힘들기는커녕 더 뛰고 싶다는 생각이 들었다.

우리 팀은 창단된 지 채 1년도 되지 않은 신생팀이었다. 우리는 늘 도전과 파격을 시도했고, 그 과정에서 평소 경험하지 못한 많은 것을 배웠다. 나 또한 공격형 미드필더나 중앙 미드필더 등 좀처럼 서보지 않았던 포지션에서 뛰며 시야를 넓힐 수 있었다.

내가 입단한 바로 다음 해에 내게 팀을 소개해 준 선배가 감독으로 부임했다. 그가 팀을 위해 헌신적으로 노력한 덕분에 당시 갖춰진 게 별로 없던 우리 팀은 점차 제대로 된 사회인 축구팀의 형태를 갖추게 되었다. 훌륭한 리더의 영향력을 실감한 순간이었다.

나의 아이돌, 주제 무리뉴

그 당시 나의 또 다른 관심사는 잉글랜드의 축구팀 첼시의 경기를 챙겨보는 것이었다. 첼시는 재능 있는 선수들과 매력적인 축구를 구사했지만, 계속해서 성적에 대한 아쉬움이 있었다. 때마침 매스컴에서는 레알 마드리드 선수단과 불화설에 휩싸인 주제 무리뉴가 첼시에 복귀할 것이라는 이야기가 공신력을 얻고 있었는데, 나는 내가 응원하는 팀의 새로운 감독이 될지도 모르는 그가 어떤 사람인지 궁금해졌다.

무리뉴는 알면 알수록 매력이 넘치는 남자였다. 화려한 커리어를 보낸 축구선수 출신이 아님에도 이른 나이에 세계적인 감독이 되었고, 오만함마저 느껴지는 독설 뒤에는 실력에 대한 자신감이 있었다. 비슷한 시기에 프로 선수 경력이 전혀 없는 안드레 빌라스 보아스 감독 또한 성공 가도를 달렸고, 그들의 영화 같은 성공 스토리는 많은 이들에게 감명을 주었다. 두 사람의 이야기는 나의 마음에도 새로운 파도가 일렁이게 만들었다.

'지금부터 준비를 시작해서 프로 축구선수로 성공하는 것은 힘들겠지만, 감독이라면 가능하지 않을까?'

마침 선배의 감독 임기가 끝나가고 있었다. 나는 머릿속에서 맴돌던 생각을 실천에 옮기기로 마음먹고 팀의 운영진을 찾아가 이렇게 말했다. "팀의 감독이 되고 싶습니다. 맡겨만 주시면 최선을 다하겠습니다." 나는 당시 20대 중반이었다. 혹시나 팀에서 가장 어린 축에 속하는 나이가 결격 사유가 되지 않을까 걱정했지만, 단장님을 비롯한 운영진들은 감독을 하는 데 나이는 전혀 중요하지 않다며 자신감을 가지고 해 보라고 격려해 주셨다. 팀원들 또한 너그럽게 받아들여 주었다. 덕분에 나는 2013년 첫 경기부터 팀의 감독 겸 선수로 운동장에 나서게 되었다.

감독이 된 후 하루하루가 더욱 바쁘고 치열해졌다. 주중에 학업과 축구 경기 준비를 병행해야 했기 때문이다. 하지만 새로운 자극은 몸과 마음을 더 빠르고 열심히 뛰게 하였다. 감독이 되니 팀과 축구를 대하는 태도도 달라졌다. '내'가 아닌 '우리'의 축구가 재미있으면 좋겠다는 생각이 들었고, 그러한 마음이 내가 가진 능력치 이상의 퍼포먼스를 끌어내기도 했다. 나는 감독인 동시에 직접 경기를 뛰는 선수였기에 두 가지 관점에서 팀과 축구를 바라보았고, 이는 사회인 축구에서만 느낄 수 있는 커다란 희열이었다.

2013년 6월, 무리뉴가 첼시에 복귀했다. 감독의 눈으로 바라보니 무리뉴의 일거수일투족이 배울 것투성이였다. 언론과의 인터뷰나 선수들과의 소통 등 경기장 안과 밖 모든 곳에서 그는 자신만의 굳건한 철학을 바탕으로 말하고 행동했다. 때때로 그의 강한 자존감이 역효과를 내는 경우도 있었지만, 성공 경험을 바탕으로 팀을 개편하고 성과를 만들어 가는 무리뉴의 모습은 인상적이었다.

그에 비하자니 나는 축구팀 감독으로서 부족한 것이 너무나 많았다. 리더십을 발휘해 팀을 이끌기는커녕 축구에 대한 지식도 턱없이 부족했고, 기댈 경험도 없었다. 모든 것을 실전에서 배워야 했기에 때와 장소를 가리지 않고 위기를 마주했다. 하지만 힘들고 어려운 순간마다 팀원들의 격려와 도움을 받으며 조금씩 앞으로 나아갈 수 있었다. 그렇게 감독으로 5년이라는 시간을 보냈다. 그리고 나는 어느 순간 '내가 무리뉴처럼 능력이 출중한 감독이 될 필요가 없다.'는 것을 깨달았다.

이 책에서 할 이야기 또한 뛰어난 감독이 되기 위한 매뉴얼이 아니라 흔

1. 이감독 비긴즈

들리지 않는 하나의 팀을 만드는 방법에 대한 것이다. 가장 먼저 아마추어 축구와 프로페셔널 아마추어가 무엇인지 알아보고, 이후에 그라운드 안과 밖, 그리고 라커룸에서 벌어지는 일들을 살펴볼 것이다. 책의 마지막에는 축구를 사랑하는 평범한 사람들의 이야기를 담았다. 부디 그들의 이야기가 여러분이 간직하고 있는 꿈과 열정에 불꽃을 틔워 주기를 진심으로 바란다.

축구는

기적이다

칼레의
기적

1999/2000시즌 쿠프 드 프랑스 Coupe de France
프랑스 FA컵에서 기적이 일어났다. 1983년 대회
역사상 최초로 4부 리그에 소속되어 있는 클럽이
결승에 진출하는 일이 벌어진 것이다.

기적의 주인공은 FC 칼레 Racing Union FC Calais,
프로 출신 선수가 단 한 명도 없는 순수 아마추어
축구팀이었다. 칼레의 홈 경기장은 고작 1,000명
남짓 수용 가능한 작은 규모로, 비가 내리면 사용
할 수 없을 정도로 시설이 열악했다. 그리고 팀원
대부분이 슈퍼마켓 점원, 정원사, 교사, 회사원,
노동자 등 생업을 병행하며 축구를 하고 있었다.

쿠프 드 프랑스는 프랑스 축구협회에 소속된 프
로와 아마추어 256개 팀이 참가하는 토너먼트
형식의 대회다. 4부 리그 소속 클럽이었던 칼레
는 대회 규정에 따라 토너먼트의 바닥부터 차례
로 올라와야 했는데, 놀랍게도 강팀들을 연달아
꺾으며 16강 토너먼트에 이름을 올렸다.

하지만 FA컵에서는 하부 리그 클럽이 예상보다
높은 곳까지 올라오는 경우가 종종 있었기 때문
에 프랑스 언론과 축구팬들은 칼레의 돌풍에 주
목하면서도 이들이 더 이상 토너먼트에서 살아남

을 수 없을 것이라 예상했다. 칼레의 16강 상대가 지네 딘 지단과 패트릭 비에이라 등을 배출한 명문 클럽 AS 칸이었기 때문이다. 당시 2부 리그에 있던 칸은 4부 리 그 소속 아마추어 클럽 칼레와는 선수단 구성과 전술적 완성도에서 분명한 수준차를 보이고 있었다. 하지만 칼 레의 돌풍은 멈출 줄 몰랐다. 칼레는 AS 칸과의 경기에 서 승부차기까지 가는 혈투 끝에 4:1로 승리를 거머쥐 었다.

이쯤 되자 스포츠 전문지 〈레퀴프〉를 비롯한 프랑스 언 론에서도 칼레의 이야기를 다루지 않을 수 없었다. 칼레 가 8강 경기에서 상대해야 할 팀은 프랑스 1부 리그에서 도 중위권에 올라 있던 RC 스트라스부르. 이번에도 칼 레의 승리를 점치는 사람들은 많지 않았다. 하지만 칼레 는 2:1로 스트라스부르를 꺾고 준결승에 진출한다. 연 장전이나 승부차기도 필요하지 않았던 깔끔하고 완벽한 승리였다. 이제 4강에 진출한 다른 클럽들 또한 칼레의 존재를 인정할 수밖에 없었다.

칼레의 준결승 상대는 그 시즌 1부 리그 4위에 빛나는 지롱댕 보르도. 보르도의 파상 공세를 악착같이 막아낸 칼레는 정규 시간 90분을 0:0 무승부로 마쳤고, 연장전 에서 무려 네 골을 주고받는 공방전 끝에 보르도를 3:1 로 물리쳤다. 자신들의 땀과 발로 뛰어 만든 결과였음에도 칼레 선수들과 가족들은 믿지 못하겠다는 듯 오랜 시간 동안 경기장에 남아 기쁨을 즐겼다. 아마추어나 다름없는 칼레가 프랑스 챔피언을 다투는 두 팀 중 하나가 되었기 때문이다. 한편 또 다른 준결승에서는 1부 리그의 FC 낭트가 그 시즌 프랑스 1부 리그 우승팀인 AS 모나코를 물리치고 결승에 올랐다.

프랑스 축구의 성지로 불리는 프랑스 국가대표팀의 홈 구장 스타드 드 프랑스Stade de France에 자크 시라크 프랑스 대통령을 포함한 7만 8천 명의 관중이 운집한 가운데 프랑스 축구 역사에 길이 남을 경기의 시작을 알리는 휘슬이 울렸다.

세상에! 칼레는 무려 전반 34분 만에 선제골을 터뜨리고 말았다. 이제 칼레는 남은 시간 동안 실점하지 않고 골문을 지키기만 해도 프랑스 FA컵 우승 트로피를 차지할 수 있었다. 하지만 16강부터 계속된 연장전에 체력이 고갈된 것일까? 그게 아니라면 축구의 신이 이들을 저버린 것일까? 전반을 1:0으로 리드한 채 후반전에 돌입한 칼레는 후반 시작 후 얼마 지나지 않아 낭트에 동점골을 내주고 말았다. 동점이 된 후에는 일방적인 낭트의 흐름으로 경기가 흘러갔고, 이미 지칠 대로 지친 칼레 선수들은 후반 종료를 얼마 남겨두지 않은 상황에서 낭트에 페널티킥을 내주고 말았다. 낭트의 키커가 페널

티킥을 골로 성공시키면서 경기는 낭트의 2:1 승리로
끝났다.

경기에는 졌지만, 칼레 선수들은 고개를 떨구지 않았다.
그들에게 준우승은 우승만큼이나 값진 결과였고, 프랑스
전역에서 그들을 향한 격려와 응원의 메시지가 쏟아졌기
때문이다. 경기가 끝난 후 시라크 대통령은 "오늘은 승리
한 팀이 둘이다. 결승전의 승자는 낭트, 정신력의 승자는
칼레다."라며 칼레 선수들을 위로했고, 프랑스 일간지
〈르몽드〉 또한 '칼레는 인간의 얼굴을 한 축구의 수호자'
라는 헤드라인으로 칼레의 활약에 찬사를 보냈다.

이후에도 칼레는 꾸준한 사랑을 받았다. 2005/2006시
즌에는 다시 한번 FA컵 8강에 올라 주목받았으며, 2008
년에는 12,000명 이상을 수용할 수 있는 새로운 홈 경기
장이 완공되어 더 많은 팬과 함께할 수 있게 되었다.

칼레의 기적은 하부 리그 클럽들이 FA컵에서 돌풍을 일
으킬 때마다 종종 인용되는데 2005년 3부 리그 격인
내셔널리그의 울산현대미포조선이 K리그 클럽들을 차
례로 꺾고 결승에 올랐을 때는 '한국판 칼레의 기적'으
로, 2012/2013시즌 잉글랜드 4부 리그 클럽 브래드포
드 시티 AFC가 리그컵 결승에 진출했을 때는 '잉글랜드
판 칼레의 기적'으로 불렸다.

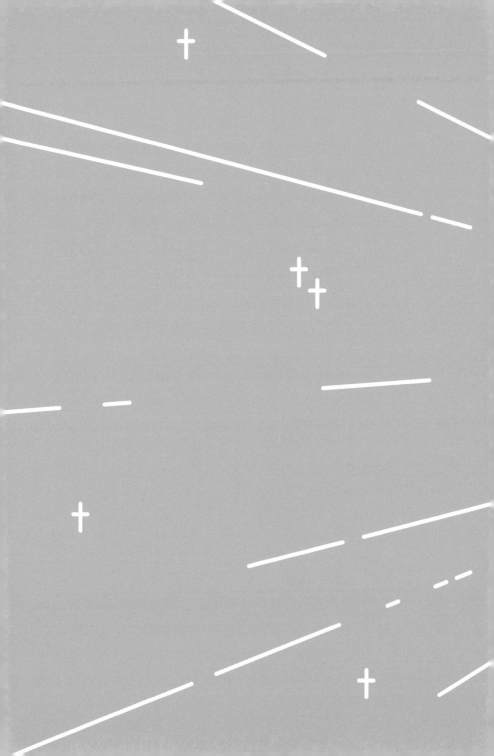

워밍업 :

축구를
시작하기 전에

01
조기 축구? 아니 사회인 축구!

흔히 사회인 축구를 가리켜 조기 축구라 말하곤 한다. 허나 조기 축구는 사회인 축구 전체를 가리키는 것으로 적확한 표현은 아니다. 본격적인 축구 이야기에 앞서 이 책에서 이야기할 축구의 정확한 명칭과 그 정의에 대해 알고 넘어가자.

가령 매주 일요일 오후 2시에 모여 운동하는 팀이 있다고 하자. 이 팀은 사회인 축구팀은 맞지만 조기 축구팀은 아니다. 조기 유학과 조기 졸업이 이른 시기에 떠나는 유학과 졸업을 말하는 것처럼 조기早起 축구팀 역시 이른 아침 혹은 새벽에 모여 경기를 하는 팀을 일컫는 말이다.

그런데 왜 사람들은 사회인 축구를 '조기 축구'라고 할까? 아마도 이전부터 이른 아침과 새벽의 파란 공기를 가르며 공을 찼던 조기 축구팀 선수들의 영향일 것이다. 어느 순간부터 그들의 활력 넘치는 모습은 사회인 축구를 생각하면 가장 먼저 떠오르는 장면이 되었고, 그들을 가리키는 조기 축구라는 용어는 아마추어 축구 전체를 가리키는 용어로 통용되기 시작했다. 하지만 사회인들의 축구 시합은 다양한 시간과 장소에서 벌어진다.

사회인 축구선수란?

세상에는 두 종류의 축구선수가 있다. 그중 하나는 '직업 축구선수'로 이들은 자신들의 회사라 할 수 있는 프로 구단과 계약해 급여를 받으며 축구를 한다. 다른 하나는 금전적인 보상이 주어지지 않음에도, 때로는 자신의 돈을 써가면서까지 공을 쫓는 사람들이다.

이 책에서 나는 후자의 사람들을 가리켜 '사회인 축구선수' 혹은 '아마추어 축구선수'라 칭할 것이다. 사회인의 사전적 정의는 '사회의 일원으로서 활동하는 개인'이다. 그들은 학생일 수도 있고, 직장인일 수도 있으며, 아직 직업이 없을 수도 있다. 이들에게 축구는 오로지 취미 생활일 뿐 직업이 아니다. 이들의 목표는 축구 그 자체를 즐기는 것이다.

사회인 축구의 치명적인 매력

축구를 하는 즐거움 외에도 사회인 축구는 여러 가지 장점과 매력이 있다. 지금부터 한번 빠지면 헤어 나올 수 없는 사회인 축구의 치명적인 매력들을 꼽아보자.

첫 번째, 저렴하다. 사회인 축구는 사회인 야구나 사회인 농구보다 더 저렴한 비용으로 즐길 수 있다. 혹자는 축구화가 너무 비싸지 않으냐고 반문할지 모른다. 하지만 아마추어용으로 생산된 축구화는 최상급 제품보다 가격이 훨씬 저렴하다(1/3 수준). 또한 사회인 축구팀에서는 축구화를 제외한 대부분의 장비를 팀 회비로 구매하고 관리하기 때문에 추가적인 지출을 할 필요가 없다.

경기장을 빌리는 비용도 합리적이다. 국내 사회인 축구 경기장 숫자는 사회인 야구장이나 농구장의 숫자와 비교할 수 없을 정도로 많다. 이러한 공급의 과잉은 시장가격의 하락으로 이어진다. 2017년 현재 서울 시내 인조 잔디축구 경기장의 2시간 대여료는 1팀당 4~8만 원 선으로 매월 회원들이 내는 회비만으로도 충분히 팀의 한 해 살림이 가능한 수준이다. 만약 팀이 장기적으로 사용할 수 있는 홈 경기장을 보유하고 있다면 고정 비용은 더 줄어든다.

두 번째, 다양한 사람들을 만날 수 있다. 축구 경기를 진행하는 데 필요한 최소 선수는 11명이지만, 사회인 축구에서는 양 팀이 자체적으로 부담해야 하는 주·부심의 숫자까지 고려해 매주 최소 15명 이상의 팀원들이 경기에 참석해야 한다. 개인 사정으로 참석하지 못하는 회원들의 숫자까지 고려하면 실제로 팀을 운영하는 데 필요한 인원은 두 배 가까이 불어난다. 때문에 대부분의 사회인 축구팀은 평균적으로 20~30명의 회원 규모를 갖추고 있다.

출신도 배경도 나이도 다른 수십 명의 사람들과 순수하게 하나의 취미로 어울린다는 것은 멋진 일이다. 다양한 사람들로부터 받는 다채로운 자극은 우리가 동호회 활동을 하는 또 다른 이유다. 마찰이 일어나는 경우는 없느냐고? 무릇 시키면 남자들이 여럿 모여 있는 곳이라면 자연스레 다툼이 일어나기 마련. 하지만 찐한 회식 한번이면 언제 그랬냐는 듯 의기가 투합된다.

세 번째, 배우는 것이 많다. 사회인 축구팀에서 활동하면 계속되는 실전경험으로 부족한 축구 실력을 끌어올릴 수 있을 뿐 아니라 개인이 아닌 단체의 일원으로 활동하는 과정에서 팀워크도 배울 수 있다. 회사 생활을 하기 전인 20대 중반에 팀의 감독이 된 나는 '어떻게 조직을 운영하고, 예산을 집행하며, 목표를 설정해야 하는지'를 사회인 축구팀에서 배웠다.

프로 스포츠에서는 종종 경험 많은 베테랑 선수들과 이제 막 프로에 입문한 젊은 선수들을 멘토와 멘티로 묶어 함께 생활하게 한다. 신인의 팀 적응을 돕고, 신인에게 베테랑의 경험과 노하우를 전수하기 위함인데, 사회인 축구팀에서는 자연스럽게 이러한 분위기가 형성된다. 인생 경험이 많은 선배 회원들이 신입, 혹은 나이가 어린 회원들에게 다양한 삶의 지혜를 가르쳐 주는 것이다. 이런 활동들이 반복되며 팀이 얻는 전통과 기틀은 덤이다.

네 번째, 건전하다. 취미 스포츠는 그 어떤 취미 생활보다 건전하다. 사회인 축구라 하면 으레 떠올리는 막걸리 파티는 사실 운동장에서 많이 사라진 장면이다. 경기가 끝난 후 회식을 할 때도 과음이 아닌 가벼운 음주가 일반적인데, 우리 팀처럼 일요일에 모여 운동하는 팀은 월요일부터 시작되는 새로운 한 주를 준비하기 위해 음주를 더욱 절제하게 된다.

이 외에도 사회인 축구의 매력은 셀 수 없이 많다. 그것만 나열해도 수십페이지를 족히 채울 수 있을 정도다. 하지만 그중 가장 섹시한 것들은 글로 읽는 것이 아니라 직접 땀 흘리며 공을 찰 때 느낄 수 있다.

02
누구나 축구선수가 될 수 있다

꿈에 그리던 국가대표 축구선수는 아니지만 나는 사회인 축구팀에서 활동하면서 그토록 원하던 스트라이커 포지션에서 뛰었고, 팀의 감독이 된 후에는 내가 생각하는 전술들을 실제 경기에서 구현할 수 있었다. 축구를 좋아하는 사람들에게 사회인 축구는 어디에 석유가 묻혀 있을지 모르는 중동의 사막만큼이나 가능성이 넘쳐나는 곳이다. 축구에 관해서라면 무엇이든 될 수 있고, 또 할 수 있는 곳이기 때문이다. 그렇다면 사회인 축구팀에 가입하는 방법에는 어떤 것들이 있을까?

사회인 축구팀에 가입하는 세 가지 방법

첫 번째는 나처럼 이미 팀에서 활동하는 지인의 소개와 추천을 통해 팀에 들어가는 것이다. 지인이 뛰고 있는 팀에 들어가면 더 쉽게 팀에 적응하고 팀원들과 친해질 수 있다. 여기에 본인의 노력과 너스레가 더해진다면 금상첨화. 지인의 소개로 가입한 신입은 지인의 얼굴에 먹칠하지 않기 위해서라도 축구와 팀 활동에 최선을 다할 것이고, 신입을 소개한 팀원은 자신의 권유로 팀에 들어온 신입이 가입을 후회하지 않도록 책임감을 느끼고 팀이 원활하게 운영될 수 있도록 도울 것이다. 이 방법은 팀의 입장에서도 안전하다. 팀원들은 지인을 추천하기에 앞서 그 사람이 우리 팀에 잘 맞는 사람인지, 팀 활동을 열심히 할 사람인지 자체 검열을 거쳐 팀에 도움이 될 사람이나 함께 어울려 즐겁게 축구할 수 있는 사람을 소개할 것이기 때문이다.

두 번째 방법은 온라인 커뮤니티를 통해 가입하는 것이다. 대다수 팀이 여러 온라인 축구 커뮤니티에 신입 회원을 모집한다는 공고를 올리고 있고, 실제로 이 공고를 보고 가입을 문의하는 사람들의 수도 적지 않다. 우리 팀 또한 매년 초 정기적으로 온라인 커뮤니티에 신입 모집 공고를 올려 새로운 선수들을 수급하고 있다.

팀의 입장에서 온라인 채널을 통해 선수를 모집하는 경우에는 신입의 축구 실력과 성품을 비롯한 정보가 전무하기 때문에 팀원의 소개로 신입이 들어왔을 때보다 선수에 대한 검증이 더욱 까다롭게 진행된다. 검증은 대개 운영진과의 전화 면접이나 실전 테스트 등을 통해 이루어지는데, 팀에 따라 검증 없이 바로 가입되는 경우도 있다.

설령 가입에 성공했다 할지라도 온라인 채널을 통해 가입한 회원은 팀에 아무런 연고가 없다. 적응이라는 새로운 과제가 주어진 것이다. 때문에 신입 회원은 주어진 기회에서 최선을 다하는 동시에 기존 멤버들과의 융화에도 많은 노력을 기울여야 한다. 하지만 부담을 갖거나 미리 겁먹을 필요는 없다. 대부분의 사회인 축구팀은 뉴페이스에게 무한한 관심과 애정을 쏟을 준비가 되어 있으니 말이다.

만약 여러분이 사회인 축구팀에 가입하고 싶고, 온라인 축구 커뮤니티에서 회원을 모집한다는 게시물을 발견했다면, 얼마나 섹시한 멘트로 신입 회원을 유혹하고 있는지 모집 요강을 살핀 후 마음에 드는 팀의 연락처로 메시지를 보내거나 전화를 걸면 된다. 사회인 축구팀의 문은 언제나 활짝 열려 있다.

세 번째 방법은 직접 팀을 만드는 것이다. 단순히 축구를 좋아하는 사람들을 모으면 될 것 같지만, 팀을 창단하는 것은 생각만큼 쉬운 일이 아니다. 각자 다른 생활 영역에서 활동하는 사회인들을 모아 축구팀을 만드는 일은 학창 시절 반 친구들끼리 유니폼을 맞추고 적당히 팀 이름을 지어 대회에 참가하는 것과는 차원이 다른 문제다. 회원 모집에서부터 운영진을 꾸리고, 선수단을 완성하고, 경기 일정을 잡고, 경기장을 대여하고, 팀을 지속해서 유지하는 일까지. 어느 것 하나 쉬이 끝낼 수 있는 일이 없기 때문이다. 그런데도 새로운 팀을 창단하고 싶다면 어떻게 해야 할까?

가장 쉬운 방법은 학교 친구, 선후배, 직장 동료, 동네 이웃 등 가까운 지인들을 모아 팀을 창단하는 것이다. 이 경우 팀원들끼리의 높은 유대감을 바탕으로 더욱 재미있게 팀을 운영할 수 있다는 장점이 있다. 하지만 너무 두터운 친분이 오히려 조직 운영을 힘들게 만들 수도 있다. 사회인 축구팀도 일종의 조직이기에 위계와 질서가 필요한데 때로는 친분이 그것을 방해하기 때문이다. 하지만 이 문제는 팀원들이 운영진과 그들의 결정을 존중하는 것으로 해결할 수 있다.

경험과 내공이 부족한 신생팀은 사회인 축구의 특성과 조직 운영의 생리를 잘 알지 못하기 때문에 팀 운영의 최종 목표인 롱런을 달성하기가 쉽지 않다. 때문에 팀을 창단한 뒤 겪을 실수를 줄이고 싶다면 다른 사회인 축구팀에서 선수 혹은 운영진으로 활동하면서 경험치를 쌓을 것을 추천한다.

축구에는 성역이 없다. 사회인 축구는 더욱 그렇다. 축구를 전혀 할 줄 모르거나 축구 실력이 좋지 않더라도 축구에 대한 열정만 있다면 얼마든지 사회인 축구팀에 가입할 수 있다. 성별이나 나이도 문제가 되지 않는다.

우리는 프로 축구에서 주제 무리뉴나 안드레 빌라스 보아스처럼 선수 경력이 부족하거나 전혀 없는 사람들이 성공하는 모습을 심심치 않게 보아왔다. 사회인 축구에서는 이 같은 일이 더욱 빈번하게 일어난다. 전력 분석 및 전술 구상, 음료 및 장비 보급, 열렬한 응원, 경기 영상 촬영, 팀 커뮤니티 운영 등의 역할은 팀을 운영하는 데 꼭 필요하지만, 축구 실력과는 아무런 상관이 없는 것들이다. 만약 혹시 모를 선입견이나 두려움이 있다면 당장 그것들을 버리고 운동장으로 나가라. 여러분은 무엇이든 할 수 있고, 또 무엇이든 될 수 있다.

03
프로페셔널 아마추어리즘

'예술이나 스포츠 기술 따위를 취미로 즐겨 하는 사람'

사전에 적혀 있는 아마추어의 정의다. 흔히 아마추어를 '어딘가 조금 어설프거나 엉성한 사람'이라고 생각하지만, 최근의 아마추어 스포츠 문화는 프로와의 경계를 점점 허물며 성장하고 있다. 스포츠를 대하는 태도에서부터 장비와 시스템까지, 프로를 방불케 하는 '프로페셔널 아마추어'가 등장하고 있는 것이다.

사회인 축구계에도 이런 프로페셔널 아마추어리즘 Professional Amateurism 으로 똘똘 뭉친 팀과 선수들이 늘어나고 있다. 개중에는 몸과 마음이 이미 프로의 수준을 뛰어넘은 이들도 있다. 그렇다면 과연 프로페셔널 아마추어가 되기 위해 갖춰야 하는 몸가짐과 마음가짐은 무엇일까?

프로페셔널 아마추어의 몸가짐
선수가 경기에 나서기 전에 자신의 몸가짐을 제대로 갖추는 것은 상대 선수와 동료에 대한 예의이자 선수로서 스스로의 가치를 높이는 일이다. 시계, 목걸이, 반지 등 자칫 잘못하다가 타인에게 해를 입힐지도 모르는 금속 장신구를 차고 경기장에 들어간다거나, 무릎 보호대, 정강이 보호대 등 안전장비를 착용하지 않는 것, 축구 전용 스타킹이 아닌 다른 양말을 신는 등 기본을 지키지 않는 행위들이 바로 프로페셔널 아마추어리즘에 위배되는 항목이다.

운동을 하다 보면 불편하다는 이유로 정강이 보호대와 같은 필수 안전장비를 착용하지 않는 선수들이 종종 있다. 축구를 하다가 부상을 입는 것은 어떠한 경우라도 안타까운 일이지만 본인이 안전장비를 하지 않아 생긴 부상이라면 설령 상대 선수의 과실이 더 크다고 하더라도 하소연할 곳이 없다. 안전장비는 스스로 자신의 몸을 지키기 위해 착용하는 것임을 명심해야 한다.

그리고 무엇보다 장비(특히 발목 양말)를 제대로 갖추지 않은 팀은 겉보기에도 오합지졸처럼 보인다. 혹시라도 '허접스러운 겉치레로 상대를 방심하게 만든 후 킥오프 이후에 본때를 보여주겠다.'라는 생각이 든다면 고이 접어두길 바란다. 스타킹을 비롯한 축구용품들은 선수들의 부상을 방지하고 축구를 더 잘할 수 있도록 디자인된 것이지, 알량한 편의나 말도 되지 않는 전략을 위해 만들어진 것이 아니다.

프로페셔널 아마추어의 마음가짐

종종 스포츠 캐스터와 해설위원들이 상대에게 심각한 반칙을 범한 선수를 가리켜 '동업자 정신이 부족했다.'고 꾸짖는 걸 보게 된다. 그렇다면 과연 동업자 정신이란 무엇일까? 근육 경련이 일어난 선수가 있으면 상대와 동료를 가리지 않고 누가 먼저랄 것 없이 달려가 뭉친 근육을 풀어 주는 것, 반칙을 당해 넘어져 있는 선수에게 손을 내밀어 일으켜주는 것, 서로에게 커다란 부상을 입힐 수 있는 경합 상황에서 서로를 보호하는 이 모든 것이 바로 동업자 정신에 입각한 행동이다. 축구 경기에 옐로카드와 레드카드가 있는 것도 잘못한 선수들을 벌주기 위함이 아니라 이겨야 할 상대이기 이전에 동료이며 친구인 선수들을 보호하기 위해서다.

사회인 축구에서도 다를 것이 없다. 우리는 모두 승부를 겨루는 적이기 이전에 축구를 좋아하는 동호인이며, 경기장 밖에서의 삶을 살아가야 하는 사회인이다. 사회인 축구선수들에게는 취미로 즐기는 축구보다 더 중요한 본업과 생업이 있다. 만약 축구를 하다가 부상을 입어 본업인 경제활동을 하는데 지장이 생기면 부상자 본인과 그 가족의 생계가 위협받는 심각한 상황으로 이어질 수 있다. 항상 최악의 경우를 염두에 두지 않으면 최악의 상황은 어느새 우리의 눈앞에 펼쳐지기 마련. 사회인 축구에서 동업자 정신을 발휘하는 것은 단순히 상대의 몸에 해를 입히지 않는 것 이상의 의미가 있음을 명심해야 한다.

감독, 코치, 총무가 하는 일

질서와 시스템이 없는 팀은 롱런할 수 없다. 아마추어팀 역시 마찬가지다. 그래서 즐거움을 목표로 모인 사회인 축구팀에도 시스템을 만들고 유지하는 운영진이 필요하다. 단장, 감독, 코치, 총무 등 팀의 운영진들은 각자의 생업을 병행하면서 팀을 위해 다양한 일들을 하고 있다. 지금부터 운영진(이라 쓰고 유니폼을 입은 천사들이라 읽는다) 각각의 역할을 살펴보자.

사회인 축구팀 단장은 주로 팀의 최고 선임자가 맡는 직책이다. 선수와 '정신적 지주(때로는 물질적 지주가 되기도 한다)'의 역할을 병행하며 감독이나 총무 등 다른 운영진들을 뒤에서 지원하고 조언을 아끼지 않는 아버지 같은 존재다.

사회인 축구팀 감독은 프로 축구 감독들과 마찬가지로 팀의 전술과 스쿼드를 구상하고 이를 실제 경기에서 구현한다. 프로 감독들이 선수를 영입하고 구단의 운영 방향을 설정하는 등 경기장 안과 밖에서 많은 일을 하는 것처럼, 사회인 축구 감독 또한 팀의 얼굴이자 대표로서 상대 팀과 관계를 맺고 유지하는 일, 신입 회원의 적응을 돕고 연간 계획과 월간 계획을 세우는 등 다양한 임무를 수행한다.

다른 팀원들보다 축구 실력이 뛰어난 인물이 감독이 될 경우에는 보너스를 얻게 된다. 축구 실력이 곧 전술을 설명하거나 경기에 나설 선수들의 명단을 발표할 때의 설득력으로 이어지기 때문이다. 허나 반드시 축구 실력이 좋아야만 감독을 할 수 있는 것은 아니다. 팀을 진심으로 사랑한다면 누구나 감독이 될 수 있다.

프로와 마찬가지로 사회인 축구팀의 코치는 감독과 행정 및 경기 운영 전반을 나누어 분담한다. 감독의 부재 시에는 코치가 감독의 모든 역할을 대행하며, 감독과 코치의 역할을 구분하지 않는 팀들도 있다. 그렇기 때문에 코치 또한 감독과 같이 높은 축구 지능을 갖춘 팀원들이 맡는 경우가 많다.

팀의 재정을 담당하는 총무야말로 팀에서 빼놓을 수 없는 핵심 멤버다. 총무가 회비 운용을 제대로 하지 못하면 경기 준비(경기에 필요한 음료와 장비를 구매하는 것)에서부터 마무리(포상, 회식 등)까지 전부 어려워지기 때문이다. 총무가 경기장 섭외처럼 금전적 운용이 필요한 업무를 겸하는 팀도 있다. 이렇듯 팀에서 막중한 책임을 지는 총무는 수백만 원의 거금을 믿고 맡길 수 있을 만큼 신뢰감을 주는 인물이어야 하며, 독촉과 잔소리에 능하고, 금전 관리와 사람을 상대하는 일에도 상대적으로 스트레스를 덜 받는 회원이 맡는 것이 좋다.

사실 꼭 운영진이 아니더라도 쉬는 시간마다 재미있는 입담으로 분위기를 띄우는 팀원, 경기가 끝난 후 사방에 흩어진 공과 축구용품을 챙기고 주변 정리를 돕는 팀원, 힘들고 지칠 때마다 따뜻한 격려를 건네는 팀원 등 구성원들은 저마다의 방법으로 팀에 기여하고 있다. 팀을 사랑하는 마음만 있다면 감투와 상관없이 누구나 팀을 이끌어나갈 수 있다.

이처럼 팀 활동을 즐겁게 하는 방법은 특별한 것이 아니다. 팀원들이 각자 그라운드 안팎으로 맡은바 포지션에서 최선을 다한다면 자연스레 팀 분위기와 경기력이 좋아질 것이다. 누군가 시키지 않아도 스스로 주인을 자처하는 바로 이것이야말로 프로페셔널 아마추어다운 모습이 아닐까?

04
워밍업 5분에 목숨을 걸어라

내가 팀의 감독이 된 후 가장 먼저 한 일은 충분한 워밍업 시간을 도입한 것이다. 여러 자료와 서적을 통해 짧은 시간에 큰 효과를 내는 워밍업 세션에 대해 공부하고 실행한 결과, 팀원들의 부상과 경기 중에 일어나는 근육 경련 횟수가 놀라울 정도로 줄어드는 것을 체감할 수 있었다. 전체적인 팀 경기력 또한 눈에 띄게 상승했고, 팀원들 스스로도 워밍업을 하고 경기했을 때와 하지 않았을 때의 차이를 이야기하기 시작했다. 그리고 워밍업이 익숙해진 지금은 모든 팀원이 옷을 갈아입고 운동장을 뛰거나 스트레칭을 하면서 각자 경기를 준비한다. 물론 모두가 모여 함께 몸을 푸는 시간도 있다.

매주 새로운 팀과 경기를 하다 보면 종종 워밍업을 하지 않고 경기에 나서는 팀을 만날 때가 있다. 그런 상대를 만나면 안타까운 마음이 드는 동시에 두려움이 물밀 듯 엄습해온다. 제대로 몸이 풀리지 않은 상대는 길이 덜 든 칼처럼 투박하고 위험하기 때문이다.

리버풀 FC와 전남 드래곤즈에서 선수들의 피지컬 코치로 활약한 제라드 누스 카사노바는 『제라드 누스의 축구 워밍업』에서 "충분한 워밍업은 체온을 올려주고 혈액 온도를 상승시킨다. 이렇게 데워진 혈액은 체내를 순환하며 신진대사를 활성화하고 근육으로 가는 산소의 양을 늘려주는데, 이를 통해 운동신경 전도 속도(순발력)가 빨라지게 된다. 게다가 워밍업은 심리적인 부분에서의 자신감과 판단력, 그리고 인지능력까지 향상시킨다."고 이야기했다.

만약 그의 말이 사실이라면, 워밍업은 운동이 아니라 마법에 가깝다. 경기 전 단 5분의 투자가 엄청난 효과로 이어지기 때문이다.

워밍업은 간단한 스트레칭과 몸풀기에만 국한되지 않는다. 선수들은 경기 전 워밍업을 통해 감독이 요구하는 간단한 전술적 움직임이나 지난 밤 TV에서 본 개인기를 연습해 볼 수 있고, 오랜만에 만난 반가운 얼굴들과 안부를 물으며 유대감을 쌓을 수도 있다.

팀원들의 상황과 스케줄이 모두 다르기 때문에 정기적인 훈련이 사실상 불가능한 사회인 축구에서 워밍업은 유일한 훈련 시간이자 연습 시간이다. 공격수인 나는 이 시간에 골키퍼와 함께 수차례 슈팅과 막는 훈련을 한다. 미드필더라면 간단한 패스와 볼 컨트롤 연습을, 수비수라면 다른 수비수들과 경기에서의 움직임을 약속하며 워밍업 시간을 보낼 수 있다.

워밍업은 상대 선수들에게도 긍정적인 영향을 미친다. 워밍업이 제대로 되어 있지 않으면 상대적으로 움직임이 둔해질 수밖에 없어 결국 위험하거나 무리한 플레이로 이어지고 만다. 하지만 워밍업을 통해 유연하고 부드럽게 풀린 몸은 경합 상황에서 빠르게 반응해 부상의 위험을 줄일 수 있다.

다시 한번 강조하지만 사회인 축구를 하다가 다치는 것은 경기에서 패배하는 것보다 더 좋지 않은 결과다. 때문에 항상 부상을 입지 않도록 조심하는 것은 물론 상대에게도 해를 가하지 않도록 주의해야 한다.

워밍업, 언제 어떻게 해야 할까?

축구 워밍업의 기본은 가벼운 러닝과 스트레칭이다. 경기장에 도착하면 우선 유니폼을 갈아입고 축구화를 신은 다음, 경기장을 가볍게 두어 바퀴 도는 것으로 워밍업을 시작하자. 정강이 보호대, 무릎 보호대 등 각종 안전 장비는 경기에 들어가기 바로 직전에 착용하는 것이 좋다. 보호대의 이물감이 오히려 워밍업을 방해할 수 있기 때문이다.

바쁜 일상을 보내다가 축구를 하러 오면 경기장을 채 한 바퀴도 돌지 않았는데 숨이 가쁘거나 허벅지와 종아리 뒤쪽 근육이 뭉치는 느낌을 받을 때가 있다. 하지만 이것은 긍정적인 신호다. 워밍업을 하지 않고 경기에 나섰다면 근육 경련이 일어나거나 다른 문제가 발생했을 테니 말이다.

땀이 날 정도로 경기장을 뛰었다면 축구를 하며 사용할 온몸의 근육을 스트레칭으로 풀어줄 차례다. 내가 추천하는 스트레칭 순서는 다음과 같다.

손목, 발목 → 무릎, 허벅지 → 허리 및 골반 → 어깨, 팔 →
목 → 팔 벌려 뛰기(10~20회)

무리한 스트레칭이 부상을 유발할 수도 있으니 반드시 강도를 조절해야 한다. 팀원들이 함께 스트레칭을 할 때는 커다란 목소리로 '하나, 둘, 셋, 넷' 구령을 붙이는 것이 좋다. 처음에는 어색하거나 창피할 수 있으나 모두가 한 목소리로 구령을 붙이면 짧은 시간에 정확한 동작으로 스트레칭을 마무리할 수 있다. 이 시간만큼은 진지한 표정과 자세로 임할 수 있도록 스트레칭을 주도하는 지휘자의 올바른 시연도 중요하겠다.

경기를 마친 후의 스트레칭도 중요하다. 흔히 이를 가리켜 정리운동이라고 하는데 정리운동의 포인트는 운동 강도를 조절하는 것에 있다. 격렬한 축구 경기 후에는 몸의 근육들이 평소보다 늘어져 있어 경기 전에는 제대로 할수 없었던 동작들이 갑자기 가능해지는 경우가 있고, 이 과정에서 무리하면 자칫 부상을 입을 수도 있다. 그러므로 정리운동을 할 때는 아크로바틱한 동작은 삼가고 약한 강도로 횟수를 늘려 하는 것이 좋다. 이러한 경기 후 스트레칭은 경기 내내 긴장하며 쌓인 근육의 피로를 푸는 데도 효과적이다. 경기 중 자주 부하가 걸릴 수 있는 발목, 허벅지, 골반 등의 부위를 추천한다.

나는 경기 후 누워서 10~15분 정도 벽에 다리를 올리고 있는 것을 즐긴다. 이 동작은 혈액순환을 원활하게 해 주어 다리의 피로(젖산)를 풀어준다고 한다. 축구 경기 다음 날 유독 다리가 무겁게 느껴지는 이들에게 추천한다.

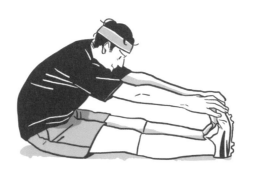

축구는

기적이다

답답하면
니가
뛰든가?

–

해리 레드냅과
스티브 데이비스
이야기

1994년 어느 날 당시 웨스트햄 유나이티드의 수석코치였던 해리 레드냅은 3부 리그 클럽 옥스퍼드 유나이티드와의 친선경기를 벤치에서 바라보고 있었다. 이 경기의 목적은 리그 개막에 앞서 팀의 전력을 점검하고 주요 선수들의 컨디션을 살피는 것. 허나 전반전을 치르는 동안 레드냅은 심기가 불편해졌다. 상대 선수들의 거친 플레이에 웨스트햄 선수들이 부상을 입은 데다 관중석에 훌리건(경기장에서 난동을 부리는 과격한 축구팬)까지 있었기 때문이다.

"일어나 이 당나귀 같은 녀석아, 그것밖에 못 해?"
"쓸모없는 녀석, 네가 그러고도 프리미어리그 선수야?"
"내가 뛰어도 그것보다는 더 낫겠다!
　당장 나와 교체하자!"

상대의 거친 태클에 웨스트햄 공격수 리 채프먼이 나가떨어지자 관중석에 있던 '문제의 훌리건'은 이처럼 욕설에 가까운 응원(?)을 퍼부어댔다. 그것도 웨스트햄 수석코치 해리 레드냅의 바로 뒤에서!

레드냅의 분노가 폭발하기 바로 직전 다행히도 전반 종료를 알리는 휘슬이 울렸고, 그는 가까스로 화를 삭이며 선수들과 함께 라커룸으로 향했다. 그러나 라커룸에서는 더 큰 문제가 기다리고 있었다. 전반전에 부상을 입

축구는 기적이다　　　　　　　　　　　　　　　　　47

은 리 채프먼이 후반전을 뛸 수 없게 된 것이다. 이뿐만이 아니었다. 채프먼 외에도 교체해야 할 선수가 너무 많았다. 부상이 덜 심각한 선수들을 급히 치료하고, 포지션에 상관없이 후보 선수들을 채워 넣어도 한 명이 부족한 상황. 어떻게 하면 좋을까 고민하던 찰나 그의 머릿속에 위험하고도 재미있는 아이디어가 스쳤다. 레드냅은 라커룸에서 나와 경기장으로 향했다.

한편 웨스트햄의 열성팬 스티브 데이비스는 오늘 해머스(웨스트햄의 애칭)의 경기가 상당히 마음에 들지 않았다. 아무리 전력 점검을 위한 친선경기라도 3부 리그팀을 상대로 쩔쩔매질 않나, 투지라고는 하나도 살펴볼 수 없는 선수들의 태도까지 언짢은 것이 한둘이 아니었다.

데이비스는 1980년 잉글리시 FA컵 결승전에서 웨스트햄이 강호 아스널을 꺾고 우승을 차지한 것에 매료되어 해머스의 팬이 되었다. 그는 웨스트햄을 진심으로 사랑했다. 하지만 이날 경기는 도저히 눈 뜨고 볼 수 없는 수준이었다. 하프타임에도 분을 삭이지 못하고 씩씩거리던 그에게 라커룸에서 나온 웨스트햄의 수석코치 해리 레드냅이 말을 건넸다.

"이봐, 자네 아까 리 채프먼보다 더 잘 뛸 수 있다고 했지?"

갑작스러운 레드냅의 질문에 잠시 당황한 기색을 보였지만, 스티브는 곧 자신만만하게 대답했다.

"물론이죠. 그 당나귀 녀석보다는 내가 백배 나을 겁니다!"

레드냅은 그럴 줄 알았다는 듯 흡족한 표정을 지으며 대답했다.

"좋아. 그러면 그 말을 증명해 보게. 나와 함께 라커룸으로 가세나. 지금 당장 후반전을 준비해야겠어."

스티브는 그날의 놀라웠던 경험을 이렇게 회상한다.

"라커룸에 들어서자 상의를 벗은 채 앉아 있는 리 채프먼이 보였어요. 그는 제게 '이봐 애송이, 발 사이즈가 어떻게 되지?'라고 물었습니다. 심장이 멎는 줄 알았죠."

후반전이 시작되고 장내 아나운서가 스티브의 경기 투입을 알렸다. 얼굴도 이름도 낯선 선수의 등장에 상대인 옥스퍼드 선수들은 물론 경기장을 찾은 팬들 또한 술렁이기 시작했다. 오직 해리 레드냅만이 옅은 미소를 지으며 킥오프를 기다리고 있었다. 스티브는 이후 벌어진 일들을 이렇게 회상한다.

"후반전 첫 5분 동안은 숨 쉬는 것조차 힘들었어요. 경기의 속도는 제가 경험했던 선데이리그(잉글랜드 아마추어리그를 부르는 별칭)와 비교할 수 없이 빨랐고 옥스퍼드 선수들은 굶주린 짐승처럼 제게 달려들었어요. 금세 유니폼이 땀으로 흠뻑 젖었고, 저는 관중석에서 제가 했던 말들을 후회하기 시작했습니다."

"경기는 점점 옥스퍼드 쪽으로 기울었어요. 지난 시즌 프리미어리그 준우승팀이 3부 리그 클럽에 쩔쩔매는 꼴이라니… 모든 것이 제 탓인 줄 알면서도 분을 삭일 수 없었습니다. 그리고 그때 갑자기 일이 벌어졌죠."

"옥스퍼드의 공격을 차단한 웨스트햄이 역습을 노리는 상황이었어요. 수비수로부터 공을 전달받은 윙어 매티 홈즈가 상대 측면을 노련하게 허물었고, 저는 두 명의 상대 중앙 수비수 사이로 뛰어들어가며 매티의 크로스를 기다렸습니다."

"매티의 패스는 제 발 앞으로 정확하게 날아왔고, 저는 뭔가에 홀린 듯 발을 내밀었어요. 정신을 차려 보니 골키퍼를 통과한 공이 그물을 가르고 있었죠. 관중석에서 엄청난 환호성이 터져 나왔어요. 맙소사! 내가 웨스트햄 유니폼을 입고 골을 넣다니, 멀리서 웨스트햄 선수들이 달려오는 것이 보였습니다."

스티브의 골에 힘입어 웨스트햄은 옥스퍼드에 승리를 거뒀다. 얼마 지나지 않아 정식 경기는 물론 프리시즌 경기에서도 스쿼드(선수 명단)에 등록된 선수만 경기에서 뛰어야 하는 '선수등록제도'가 생겨 더 이상 스티브와 같은 일반인이 프로팀 경기에서 뛰는 모습은 볼 수 없게 되었다. 하지만 스티브에게는 평생 잊지 못할 추억이 생겼다.

"그때 일을 생각하면 아직도 꿈을 꾸는 것 같아요. 해리는 그 후 감독으로 승승장구하더군요. 그럴만한 재능이 있는 사람이라고 생각해요. 어떤 코치가 그런 결정을 내릴 수 있었겠어요?"

해리 레드냅 또한 훗날 TV 토크쇼에서 이 일을 회상했다.

"나는 '저 녀석은 누구지? 못 보던 선수인데?'라고 묻는 다른 코치의 물음에 '자네 혹시 미국 월드컵에서 활약한 티티셰프라는 선수를 아나? 드디어 우리가 그를 영입했다네!'라고 대답했습니다. 물론 거짓말이었죠. 티티셰프는 그때 막 지어낸 허구의 선수였으니까요. 하지만 그날 스티브는 월드컵 MVP 못지않았습니다. 골을 넣을 자격이 있었어요."

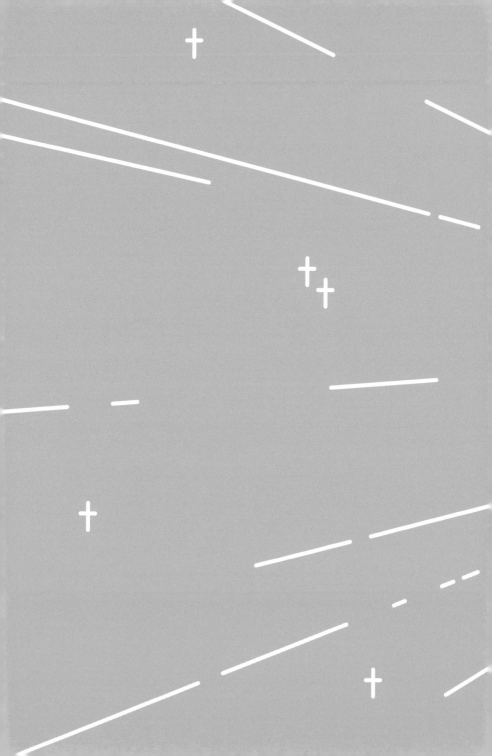

피치 위에서 :

TALK, PLAY, TOGETHER

01
즐거운 축구, 이기는 축구

어떤 일을 시작하려면 가장 먼저 방향과 컨셉을 잡아야 한다. 기업이 신규 사업을 시작하기 전에 다양한 관점에서 트렌드와 향후 발전 가능성 등을 자세히 살피는 일, 건축가가 흙을 다지고 벽돌을 쌓기 전에 청사진을 그리는 단계, 글을 쓰기 전에 어떤 어투와 문체로 써내려갈 것인지 정하는 일 등이 바로 컨셉을 잡는 과정이다.

축구 클럽도 운영 방향과 컨셉을 잡는 것이 중요하다. 운영진들은 먼저 자신들이 재능 있는 유망주를 사들여 비싼 값에 이적시키는 셀링 클럽인지, 아니면 리그를 비롯한 여러 대회에서 우승이라는 목표를 달성하기 위해 과감히 지갑을 여는 클럽인지 정체성을 정의한 후 목표를 설정해야 한다. 컨셉도 목표도 정확하지 않은 팀의 성적은 불 보듯 뻔하다.

경기 전술과 선수 배치에도 컨셉과 목표가 중요하다. 감독은 자신들의 상황이나 상대 수준에 따라 어떤 목표를 가지고 경기에 임할지 결정하고, 경기 중 발생하는 변수를 고려해 전술에 변화를 준다. 같은 4-4-2 전형으로 경기에 나섰더라도 선수들의 움직임과 전술적 포인트가 확연히 달라지는 이유다.

프로들의 공통점은 오직 '어떤 상황에서도 승리를 추구한다'는 것뿐이다. 하지만 프로 축구와 달리 사회인 축구에서의 목적은 '무조건적인 승리'가 아니다. 때문에 팀과 감독이 설정한 목표 또한 프로와 달라야 한다.

즐거운 축구가 목표인 경우

팀원 모두가 각자의 소중한 시간을 투자해 사회인 축구팀에서 활동하는 사람들이기 때문에 감독은 팀원들의 출전 시간을 균등하게 분배해야 한다. 하지만 아무리 오랜 시간 호흡을 맞춰온 팀이라도 25분마다 바뀌는 스쿼드에 적응하면서 높은 수준의 경기력을 유지하기는 쉽지 않다.

만약 모두가 열심히 뛰고 있는데 팀에 구멍(축구 실력이 아쉬운 팀원)이 계속 실수를 범하고 경기력을 떨어뜨린다면 어떨까? 아마도 승리욕이 강한 팀원들은 부글부글 끓는 속을 달래고 있을 것이다. 이런 장면이 반복된다면 팀 내 불화가 생길 수도 있다. 팀원들의 출전 시간을 똑같이 분배한다고 해서 모두가 만족할 만한 결과가 보장되지는 않기 때문이다.

이기는 축구가 목표인 경우

팀의 목표가 '이기는 축구'인 경우에는 문제가 더욱 심각해진다. 이 경우 팀의 승리를 위해 상대적으로 축구 실력이 더 좋은 선수들이 그렇지 못한 선수들에 비해 훨씬 더 많은 출전 시간을 보장받게 될 것이다. 하지만 '이기는 축구'를 위해 최정예 스쿼드를 내보내고도 패배한다면 그 상실감은 즐거움을 목표로 했을 때보다 더욱 커진다. 승리를 위해 열심히 뛰고도 경기에서 패배한 출전 선수들은 선수들대로 마음이 좋지 않을 것이고, 경기에 뛰지 못한 팀원들은 아쉬움을 넘어 분한 마음마저 들 수 있다.

고등학교 2학년 때 똑같은 시간을 투자해 똑같은 강도로 축구부 훈련을 했는데도, 졸업을 앞둔 3학년 선배들의 출전 시간을 보장해 준다는 이유로 대회에서 1분도 채 뛰지 못한 적이 있다. 분하고 서운했지만, 감독님의 선택과 판단이었기에 어쩔 수 없었다.

　　이렇듯 '베스트 일레븐에 들지 못하면 경기에 뛰지 못할 수도 있다'는 사실을 아는 축구부 선수들조차도 경기에 뛰지 못하면 분한 마음이 드는데, 똑같은 회비를 내고 같은 시간과 열정을 팀에 투자하는 사회인 축구팀 선수들은 오죽하겠는가? 볼멘소리가 커지는 것은 물론 운영진에 대한 신뢰도와 팀에 대한 충성심에도 금이 가고 말 것이다.

아니 그러면 어떻게 해야 한다는 말인가?

　　결과적으로 '즐기는 축구'와 '이기는 축구' 어느 쪽도 해피엔딩이 아니다. 이렇게 해도 문제가 생기고, 저렇게 해도 문제가 생긴다면 과연 어떻게 해야 할까? 이 어렵고 골치 아픈 문제를 주관식 서술형으로 풀어보자.

<20XX년 11월 1일 00대학교 친선경기>
경기 시간 - 14:00 ~ 18:00 (총 4시간)
경기 상대 - FC 즐거운, FC 승리만 (총 3팀)

　　이때 쉽게 생각하는 방법은 다음과 같다. 두 팀 중 실력이 우리 팀과 비등비등한 팀에는 '이기는 축구' 컨셉으로 실력이 좋은 소위 1군 선수들을 뛰게 하고, 한 수 아래의 팀에는 로테이션을 활용해 상대적으로 축구 실력이 아쉬운 선수들의 출전 시간을 보장하며 '즐거운 축구'를 추구하는 것이다. 하지만 두 팀을 상대로 모두 승리한다는 보장도 없고, 상대하는 두 팀의 실력이 우리와 비슷하거나 한 수 위일 수도 있다. 게다가 우리 팀 선수들의 당일 컨디션은 아직 고려하지도 않은 상황.

수년간의 실전 경험을 통해 내린 최선의 해답은 다음과 같다. 4시간 3파전이 기준이면 한 팀과 총 25분씩 2~3게임을 치르게 되는데, 상대가 정기적으로 교류하는 팀이 아니라면 정보를 파악하는 것이 우선이다. 때문에 경기 초반에는 상대와 우리의 실력과 컨디션을 점검하는 데 시간을 투자해야 한다. 첫 번째 게임을 치러보면 평소보다 컨디션이 좋은 선수와 그렇지 못한 선수를 가려낼 수 있다. 이를 통해 남은 경기의 청사진을 그리면 된다. 다만 초반에 어느 정도 로테이션하며 정찰의 시간을 갖는다 하더라도 수비만큼은 탄탄하게 구성하는 것이 좋다.

초반 정찰이 끝나면 현재 스코어를 고려해서 스쿼드를 구성할 수 있다. 비기거나 지고 있는 팀과의 경기에서는 역전을 노리기 위해 좀 더 기량이 출중한 선수들을 투입하고, 상대적으로 여유가 있는 팀과의 경기에서는 적절하게 로테이션을 활용하면서 출전 시간 분배와 경기 승리라는 두 마리 토끼를 노릴 수 있다.

이 과정에서 가장 중요한 것은 감독을 포함한 운영진의 임기응변과 판단이다. 경기의 컨셉을 정하고 뛸 선수들을 결정하는 것은 오롯이 그들의 몫이다. 하지만 사전에 팀원 모두가 게임의 목적과 방향을 정확히 인지하고 있으면 이 과정은 수월해진다.

누구에게나 아주 특별하고 소중한 두 시간

혹자는 사회인 축구를 일주일에 2시간 정도만 투자하면 되는 취미 스포츠로 생각한다. 하지만 사회인 축구팀의 회원들은 팀 활동을 위해 그보다 훨씬 더 많은 시간과 노력을 쏟는다. 예를 들어 장기적으로 사용하는 홈 경기장을 섭외하지 못한 팀은 매주 다른 경기장으로 원정을 떠나야 하는데, 이 경우 경기 시간에 왕복 이동 시간이 더해져 해당 날짜에 다른 스케줄을 잡지 못하거나 미루는 일이 발생한다. 경기를 마치고 난 후에는 땀으로 흠뻑 젖은 몸을 씻는 것이 급선무이기 때문에 다른 약속을 잡기가 껄끄러운 경우가 많다. 또한, 경기 시간이 3시간을 넘는 날에는 하루를 오롯이 축구에 투자할 각오로 집을 나서야 한다.

입장을 바꿔 생각해 보자. 좋아하는 축구를 할 생각에 아침 일찍 일어나 한 시간 넘게 달려왔는데 단 25분만 뛰고 집으로 돌아가야 한다면 기분이 어떨까? 나였다면 축구공을 찢어버리고 싶을 것이다. 그만큼 화가 나는 상황이라는 뜻이다. 때문에 감독과 운영진은 모든 팀원이 즐겁게 활동할 수 있도록 다양한 장치를 마련해야 한다. 팀원의 만족도가 곧 팀을 움직이는 동력이 되기 때문이다.

02
완벽하게 패배하는 방법

현 유럽축구연맹 회장이자 1980년대 프랑스의 전설적인 선수였던 미셸 플라티니는 "축구는 실수의 스포츠다. 모든 선수가 완벽한 플레이를 펼치면 스코어는 영원히 0:0에 머물러 있을 것이다."라는 명언을 남겼다. 이 말은 거꾸로 '실수를 줄이면 지지 않는 경기를 할 수 있다.'로도 해석할 수 있는데, 프로보다 전술이나 실력 면에서 완성도가 떨어지는 사회인 축구에서는 플라티니의 말처럼 실수를 줄여나가는 것이 전술과 전략을 준비하는 것보다 더 좋은 결과로 이어지기도 한다.

수많은 변수가 존재하는 그라운드 위에서 팀에 승리를 가져다주는 완벽한 방법은 없다. 하지만 팀워크를 해치고 경기에서 패배하게 만드는 방법은 셀 수 없이 많다. 실수와 잘못들을 줄여나간다면 긍정적인 팀 분위기와 만족스러운 경기 결과를 동시에 얻을 수 있다. 사소해 보이지만 좋지 못한 결과로 이어지는 사회인 축구의 실수와 잘못들을 알아보자.

짜증과 소통을 구분하지 못한다
경기를 하다 보면 덥고 습한 날씨, 상대와의 거친 몸싸움, 마음처럼 풀리지 않는 경기 등을 이유로 나도 모르게 흥분할 때가 있다. 이럴 때는 평소라면 웃어넘겼을 일도 짜증으로 이어져 문제가 발생하곤 한다. 그렇기 때문에 경기장에서 동료들과 소통할 때는 목소리에 짜증이 섞이지 않게 조심해야 한다. 특히 팀원들에게 이야기를 많이 해야 하는 감독이나 코치의 경우 본인들이 전달하려는 메시지가 곡해되지 않도록 평정심을 유지하며 차분하게 팀원들과 소통해야 한다.

무엇보다 경기 중에 동료들의 실수를 지적하지 않는 것이 중요하다. 실수가 좋지 못한 결과로 이어진다 한들 그 의도까지 나빴던 것은 아니기 때문이다. 누구보다 실수를 저지른 당사자가 자신이 저지른 실수에 대해 가장 잘 인지하고, 반성하고 있다. 실수가 나올 때마다 언성을 높이고 짜증을 표출하면팀의 사기는 순식간에 저하되고 만다. 축구에서 팀의 사기는 경기의 질을 결정하는 핵심요소다. 긍정적인 방향으로의 소통이 중요한 이유다.

경기력이 좋은 대부분의 사회인 축구팀은 경기장 안과 밖에서의 분위기가 활기차고 긍정적이다. 그들의 공통점은 실수에 관대하고 칭찬에 인색하지않다는 것. 순간적인 감정에 짜증을 내지 않고, 차분히 소통한다면 긍정적인분위기와 좋은 경기력이라는 두 마리 토끼를 모두 잡을 수 있을 것이다.

구심점과 위계가 없다

경기력이 좋지 않거나 금세 해체되는 팀에는 몇 가지 공통점이 있는데, 그중 하나는 팀에 구심점이나 위계질서가 없다는 것이다. 중심이 잘 잡힌 팀은 어려운 상황에 놓이거나 힘든 시련이 닥쳐도 쉽게 무너지지 않는다. 구심점이 되는 이들을 중심으로 똘똘 뭉쳐 어려움을 극복하고 다시 일어서기 때문이다.

우리 팀 또한 크고 작은 사건들을 겪으며 존폐위기에 놓인 적이 있었다. 하지만 열정 가득한 팀원들이 구심점이 되어 정신적, 물질적 투자를 아끼지 않은 덕분에 지금껏 주말마다 함께 운동을 해올 수 있었다. 구심점이 반드시 팀의 연장자나 초창기 멤버일 필요는 없다. 축구와 팀을 사랑한다면 누구나 팀의 구심점이 될 수 있다.

사회인 축구에는 절대적인 권력을 갖는 감독도, 연장자를 무조건 배려하는 군대식 계급도 없다. 민주적인 절차를 거쳐 팀원들로부터 권한을 위임받은 운영진이 있을 뿐이다. 연장자라고 해서 무조건 본인이 원하는 포지션에서 뛰겠다고 떼를 쓰거나, 팀원들이 감독과 코치의 지시를 정당한 이유 없이 불이행하는 일이 지속해서 발생한다면 그 팀의 수명은 줄어들 수밖에 없다.

조직을 효율적이고 효과적으로 운영하려면 최소한의 위계질서, 그리고 팀원 간의 존중과 배려가 필요하다. 팀의 막내나 다름없는 나이에 감독이 된 내가 지금껏 별 탈 없이 팀을 운영할 수 있었던 것 또한 팀 내 연장자들의 존중과 팀원들의 배려가 있었기 때문이다.

팀원 간 대화와 약속 없이 경기를 한다

사회인 축구에 감독과 코치를 비롯한 운영진이 필요한 이유는 지속해서 팀원들에게 공동의 목적과 목표를 제시하고 상기시키기 위함이다. 일반적으로 사회인 축구에서 감독의 역할은 "상대 측면 수비가 약해 보이니 우리는 측면을 지속해서 공략해 보자."라든가 "상대 미드필더의 압박이 거세니 볼 터치를 최소화하자."처럼 계속해서 전술과 움직임을 팀원들에게 설명하고 요구하는 것이다. 이런 과정을 거쳐 팀원들이 함께 약속을 공유하고 시합에 나설 때와 그렇지 않을 때의 결과는 눈에 띄게 차이가 난다.

아무런 약속과 대화 없이 경기에 나서는 팀을 상상해 보자. 팀원들은 각자의 플레이에 심취해 팀이 아닌 개인으로 경기장을 뛰어다닌다. 약속된 패턴이 없으니 무리하게 개인 돌파를 하게 되고, 상대를 분석하거나 팀원들과 상대에 관해 이야기해 본 적이 없으니 조직적으로 나오는 상대를 만나면 어찌해야 할지 몰라 체력만 축내고 경기 내내 끌려다닐 가능성이 높다. 또한, 좋지 못한 분위기와 경기력은 다음 경기와 일상생활에도 영향을 끼쳐 팀을 더욱 힘들게 할 것이다.

이렇듯 팀원 간의 대화와 약속은 모두가 만족스러운 경기를 할 수 있도록 돕는다. 여기에 덧붙여 게임이 끝나고 난 후 '이번 경기에서는 뭐가 잘되었고 뭐가 부족했다'와 같은 가벼운 토론이 이어진다면 팀워크는 더욱 끈끈해지고, 팀은 더 탄탄해질 것이다.

어떻게 경기할 것인가에 대한 약속 외에 팀 내 회칙을 정하는 것도 팀 운영에 도움이 된다. 주먹구구식으로 일을 처리하기보다 공지된 회칙에 따라 팀을 운영하면 팀 내 혼란이 줄어들고, 팀원들도 안정적으로 취미 생활을 즐길 수 있다.

03
치밀한 전술보다 강력한 것은?

사회인 축구에서 전술이 차지하는 비중은 얼마나 될까? 사회인 축구팀의 이름이나 유니폼 등은 프로를 흉내 내고 또 닮았지만, 완성도 높은 전술을 구사하는 사회인 축구팀은 그리 많지 않다. 높은 전술 지식을 보유한 코치진도 희귀하거니와, 코치진의 요구를 경기장에서 구현할 수 있을 정도로 높은 축구 지능과 실력이 있는 선수들도 흔치 않다는 것이 그 이유. 그래서 감독이나 코치가 경기 전 브리핑에서 선수들에게 전하는 요구사항도 "오늘은 조금 더 침착하고 여유 있게 공을 돌려보자."라든가 "수비 라인을 아래로 내리고 역습 공격을 성공시키자."와 같은 일차원적이고 간단한 전술 코멘트 정도다.

전술 수준이 높지 않은 두 팀의 경기에서 승부를 가르는 것은 대부분 팀이 보유한 선수 개개인의 능력치와 그날의 운이다. 상대의 실수를 덜 놓치는 팀에게도 승리의 여신은 미소를 짓는다. 하지만 운이나 실수와 상관없이 팀을 승리로 이끄는 가장 강력한 무기는 따로 있다.

몇 해 전 여름 양재역 인근 경기장에서 열린 시합 때 일이다. 기록적인 무더위에도 팀원들의 컨디션과 호흡은 나쁘지 않았고, 덕분에 경기 종료 한 게임을 남겨두고 우리 팀은 상대 팀을 4점 차로 크게 리드할 수 있었다. 그런데 마지막 게임에서 경기가 이상한 방향으로 흘러갔다. 수비진의 어처구니없는 실수로 상대에게 골을 헌납한 것이 발단이었다. 실점 이후 주도권은 급격히 상대 팀에게 넘어갔고, 네 골 차 리드는 금세 동점이 되고 말았다. 마침내 상대 팀에게 역전골을 허용했을 때, 우리는 그저 어서 경기가 끝났으면 하는 표정으로 서로를 바라볼 수밖에 없었다.

드라마틱한 결과를 만들어낸 상대 팀의 뒷심은 어디에서 나왔을까? 그들은 후반 시작과 동시에 터진 추격골에 탄력을 받아 더욱 열심히 뛰었고, 점수 차가 하나둘 좁혀질수록 더 맹렬히 공을 향해 달려들었다. 종료 25분을 남겨 두고 4점이나 뒤지는 상황에서도 절대 경기를 포기하지 않았다. 승리에 대한 집념과 집중력이 역전을 만들어낸 것이었다.

나는 지금까지도 우리 팀이 크게 리드하고 있을 때마다 이때를 회자하며 팀원들에게 마지막까지 집중할 것을 요구한다. 사회인 축구는 프로 축구보다 사기와 분위기의 영향을 더 많이 받는다. 때문에 동기부여가 강력하게 되어 있는 팀과 그렇지 않은 팀이 만나면 선수들의 실력과는 상관없는 결과가 나오는 경우도 많다. 그렇다면 사회인 축구에서의 동기부여는 언제, 어떻게 해야 효과적일까?

경기 중 파이팅은 기운을 북돋우는 주문이다

경기 중 팀원들끼리 파이팅을 외치는 것은 팀 스피릿을 끌어올리는 가장 기본적이면서도 효과적인 방법이다. 또한, 집중력이 흐트러진 팀원들을 다시 경기에 매진하게 하는 촉매제가 된다. 때로는 이것이 과열되어 양 팀이 서로 더 큰소리로 파이팅을 외치려는 공방전이 벌어지기도 하지만 경기장에서 뛰고 있는 모두에게 긍정적인 자극을 주고 집중력을 끌어올리는 데는 기합을 넣고 파이팅을 외치는 것만한 방법이 없다. 하지만 과도하고 경쟁적인 파이팅은 체력소모로 이어질 수 있으니 주의하자.

선수들의 눈빛을 바꾸는 라커룸 스피치

사회인 축구의 매 게임(25분) 사이에는 약 10분간의 휴식 시간이 있다. 이 시간에 선수들은 물과 음료를 마시며 에너지를 보충하고, 감독은 다음 게임에 대한 구상을 한다. 아무리 능력이 출중한 프로 감독이라도 10분이라는 짧은 시간에 앞선 게임의 내용과 결과를 모두 분석한 뒤 완벽한 해답을 내놓을 수는 없다. 그렇기 때문에 10분 휴식을 가장 효과적으로 사용하는 방법은 선수들이 경기장 위에서 마음껏 뛰면서 좋은 결과를 만들 수 있게 동기를 부여하는 것이다.

휴식 시간에 팀원들의 사기를 진작시키고 동기를 부여하는 방법에는 '직전 게임에서 좋은 모습을 보여준 팀원들의 이름을 부르며 칭찬하기', '결과로 이어지지는 않았지만 좋았던 과정 언급하기', '단기적이고 새로운 목표 제시하기' 등 여러 가지가 있다. 직전 게임에서 실수를 저지른 팀원을 나무라고, 풀리지 않는 경기에 대해 푸념하는 것과 같은 금기를 저지르지 않는다면 라커룸 스피치는 경기에 긍정적인 효과로 나타날 것이다.

적절한 보너스로 또 다른 재미를 전하다

프로 축구선수들은 고정적으로 지급되는 주급과 연봉 이외에도 출전수당, 승리수당과 같은 단기적인 동기부여 수단(상여금)이 있다. 프로 구단에서 이렇게 팀을 운영하는 것에는 이유가 있을 터, 여기에서 힌트를 얻은 일부 사회인 축구팀들은 장단기적인 상여금 제도를 운용하고 있다. 수년간 상여금 지급 현장을 바라보면서, 상여금을 받는 팀원은 물론 시상하는 과정을 바라보는 팀원들의 눈빛이 달라지는(동기가 부여되는) 장면을 목격했다.

일반적인 사회인 축구팀에서 지급하는 상여금은 득점왕, 도움왕과 같은 연간 타이틀인데, 득점왕, 도움왕 타이틀은 특정 포지션의 선수들이 수상할 확률이 높아 불공평하다는 이유로 최근에는 MVP나 출석왕, 신인상과 같은 부문을 시상하는 팀도 늘고 있다. 우리 팀은 월간 MVP, 득점왕, 도움왕, 신인왕, 출석왕, 기량발전상, 수비왕 등 여러 타이틀을 만들어 상여금을 지급하고 있다. 이렇게 수상 항목을 세분화하면서 상여금 액수는 줄었지만, 팀원들의 만족도는 더 높아졌다.

상여금은 팀원들에게 축구 경기 외에 또 다른 즐거움을 선사한다는 점에서도 매력적이지만, 팀원 모두의 투표를 통해 수상자를 선정하고 모두가 지켜보는 자리에서 시상함으로써 팀원들에게 열심히 경기에 참석하고 뛰어야 할 이유를 만들어준다는 점에서 효과적이다. 상여금 외에도 팀원들이 꾸준히 경기장을 찾도록 만들고, 팀 활동에도 열심히 참여할 수 있게 만드는 장치가 있다면 적극적으로 도입해야 한다. 팀원들이 팀 활동에 자발적으로 참여할 때 우리가 좋아하는 축구를 더 오랫동안 즐길 수 있기 때문이다.

04
팀 케미스트리의 중요성

팀 구성원 간의 정신적 유대감을 일컫는 팀 케미스트리Team Chemistry는 비디오게임에만 등장하는 개념이 아니다. 2000년대 초반 앙리, 피레스, 비에이라 등 프랑스 선수들을 주축으로 팀을 만들어 리그 무패 우승의 대기록을 세운 아스널과 네덜란드 국적이거나 네덜란드 리그에서 활약한 선수들을 차례로 영입해 팀의 전력을 강화하고 유럽을 제패했던 맨체스터 유나이티드의 사례는 실제 축구에서 팀 케미스트리가 팀의 성적과 직결되는 중요한 부분임을 증명한다.

맨체스터 유나이티드에서 활약할 당시 박지성이 자신과 같은 왼쪽 측면에서 수비수로 활약한 파트리스 에브라와 친하게 지낸 것도, 토트넘 핫스퍼의 손흥민이 오스트리아 수비수 케빈 비머와 친하게 지내는 것도 모두 팀 케미스트리에 긍정적인 영향을 준다. 일상생활에서 팀 동료들과 가깝게 지내며 정을 나누는 것이 경기장에서 더 좋은 호흡으로 이어지기 때문이다.

프로 축구보다 선수들의 출신과 이력이 더욱 다양한 사회인 축구에서도 팀 케미스트리는 중요하다. 경기력을 좌우할 뿐만 아니라 장기적으로는 팀의 존속에도 영향을 미치기 때문. 아무리 축구가 좋아도 함께 뛰는 사람과의 관계가 서먹하거나 불편하면 팀에서 오래 활동하기 어렵다. 신입 회원들의 빠른 적응을 위해 운영진과 기존 회원들이 두 발 벗고 나서는 이유도 같은 맥락이다.

비디오게임에서 팀 케미스트리 점수를 높게 받으려면 경기에서 서로 큰 영향을 주고받는 인접 포지션 선수들을 같은 국가 혹은 같은 클럽으로 구성해야 한다. 예를 들어 대한민국 국적인 선수들로 베스트 일레븐을 구성하거나, 스포르팅 리스본 클럽에 소속된 선수들로 경기에 출전할 베스트 일레븐을 구성하는 것이다. 게임에서 이러한 스쿼드로 구성했을 때 팀 케미스트리 점수가 높아지는 데는 같은 국적의 선수일 경우 같은 언어를 사용해 소통하기 쉽고, 같은 클럽에서 오랫동안 활동하면 유대감이 쌓인다는 점이 근거가 되었을 것이다. 하지만 사회인 축구선수들은 모두가 같은 언어를 사용하고, 같은 클럽에 소속되어 있다. 이들의 팀 케미스트리 점수를 높이려면 이와는 다른 장치와 방법이 필요하다.

그라운드 안에서의 팀 케미스트리

박지성과 에브라가 그랬던 것처럼, 경기장에서 서로 유기적으로 호흡해야 하는 선수들은 파트너를 고정하는 방법으로 서로 간의 케미스트리를 높일 수 있다. 이런 방법으로 묶어줘야 하는 선수들은 중앙 수비수와 중앙 수비수, 측면 수비수와 측면 공격수 등이다. 이들은 실전에서 밀접한 영향을 주고받으므로 경기 중, 휴식 시간, 심지어 경기가 끝난 후에도 서로의 역할과 움직임에 관한 대화를 나눠야 한다. 팀원 모두가 그라운드 위에서 하나의 유기체처럼 움직일 수 있다면 좋겠지만 그러기 어려운 것이 현실이기에 이렇듯 둘씩 짝을 지은 유닛을 여럿 구성하는 것만으로도 훌륭한 효과를 볼 수 있다.

하지만 사회인 축구는 프로와 달리 가용할 수 있는 스쿼드가 매주 달라진다. 매번 같은 선수 구성으로 파트너를 맺어줄 수 없다는 이야기다. 그래서 사회인 축구에서는 팀의 전형을 하나 혹은 둘로 고정해서 선수들의 혼란을 막는다. 예를 들어 팀의 주 전형이 4-2-3-1인 경우 2에 해당하는 미드필더가 경기에서 해야 하는 역할을 미리 정해두고 그곳에 선수들을 배치하면 매번 같은 파트너와 뛰지 않더라도 큰 무리 없이 본인들의 역할을 수행할 수 있게 된다.

그라운드 밖에서의 팀 케미스트리

그라운드에서의 팀워크 못지않게 그라운드 바깥에서의 팀워크도 중요하다. 우리 팀은 많은 팀원이 주중에 만나 교류하며 친목을 다진다. 경기 전날을 피해 가벼운 술자리를 벌이기도 하고, 위닝 일레븐이나 피파 시리즈와 같은 축구 비디오게임을 하면서 함께 시간을 보내기도 한다.

사회인 축구팀에서 만난 인연이라고 해서 반드시 축구와 관련된 것들로만 교류하는 것은 아니다. 스크린 야구장에 가기도 하고, 볼링을 치거나 함께 농구 경기를 보러 가기도 한다. 때로는 소개팅을 주선해 주기도 한다. 이렇게 서로 교류하는 과정을 통해 경기장에서의 호흡이 좋아지는 것은 물론, 인생의 여러 국면에서 도움을 주고받을 수 있는 사회적 인맥을 다지게 된다.

나 역시 사회인 축구를 통해 만난 인맥들과 여러 교류를 하고 있다. 팀원의 결혼식 사회를 맡기도 하고, 또 다른 팀원의 결혼식에서 다른 팀원들과 축가를 부르기도 했으며, 팀원의 아내 소개로 취업 기회를 얻은 적도 있다. 이 과정에서 자연스럽게 팀원들과의 관계도 돈독해졌다. 이렇듯 그라운드 안과 밖에서 서로에 대한 신뢰를 쌓고 추억을 공유하다 보면 어려운 경기를 치를 때 서로 격려하며 기운을 북돋을 수 있고, 혹여 경기에서 패해 분위기가 좋지 않아도 금세 평정심을 되찾을 수 있다. 축구가 더욱 즐거워지는 것이다.

05
감독만 11명? 어느 축구팀 이야기

팀의 감독으로 부임한 뒤 얼마 지나지 않아 나는 여러 가지 어려움에 봉착했다. 그중에서도 나를 가장 힘들게 했던 것은 입김이 센 팀원들과의 파워 게임이었다. 이 문제는 결국 시간이 지나 서로 간 신뢰가 쌓이면서 해결되었지만, 그때를 생각하면 지금도 발톱이 빠지는 것 같은 기분이 든다.

돌이켜 보면 그때 나를 힘들게 했던 가장 큰 요인은 나 스스로에게 있었다. 아직 사회인 축구팀 감독으로서 팀원들의 의견을 듣고 조율하는 역량이 부족했던 내가 그들의 조언과 아이디어를 지시나 간섭으로 받아들였기 때문이다. 당시 나는 충분히 경청할 준비도, 또 그것을 내가 추구하는 축구에 녹여낼 포용력과 조합 능력도 부족했다.

프로 축구 감독들이 코치들과 많은 이야기를 나누고 의견을 조율한 뒤 결정을 내리는 이유는 오만과 독선으로부터 자신을 견제하고 더 나은 아이디어를 찾기 위해서다. 하물며 프로 감독들도 그러할진대 아마추어인 내가 아집을 부렸으니 어쩌면 마찰은 당연한 결과였는지도 모르겠다.

몇 번의 시행착오를 거친 후, 우리 팀은 운영진(운영진급 팀원 포함)의 몸집을 창단 초기 인원의 두 배 이상으로 불렸다. 단장, 감독, 총무의 기본 구성에 코치 두 명을 새로 임명하고 기존에 운영진으로 활동했던 팀원들의 고견을 팀의 대소사를 처리하는 과정에 포함했다.

3. 피치 위에서

브레인이 많아지자 의견을 모으고 조율하는 절차도 복잡해지고, 간단한 의사결정에도 시간이 오래 걸렸지만 많은 사람이 머리를 맞대니 더 나은 선택을 하게 되었다. 경기장에서도 많은 변화가 일어났다. 경기가 풀리지 않는 상황에서는 운영진 혹은 운영진급 팀원들이 계속해서 의견을 개진하며 해답을 찾았고, 그 결과 감독과 코치가 모두 출전하지 않는 상황에서도 아무런 문제 없이 경기를 치를 수 있게 되었다.

운영진급 팀원들이 늘면서 자연스레 팀 운영도 활기를 띠었다. 이들은 각자가 맡은 역할을 철저히 수행하면서 거침없이 새롭고 다양한 아이디어를 쏟아 냈다. 부임 초반 어린 나이를 보완하기 위해 '카리스마 있는 리더'의 모습을 보이려고 고자세를 유지하던 나 또한 부족함을 인정하고 팀원들의 의견을 경청하기 시작했다. 이 과정을 통해 기본적인 철학과 틀은 유지하고 그것을 해치지 않는 선에서 여러 훌륭한 아이디어를 조합할 수 있었다.

그중 가장 효과적이었던 것은 선수들의 생각을 듣는 것이었다. 우리는 매 25분 게임이 끝난 후 공격수, 미드필더, 수비수 등 포지션별로 한 명씩 직전 경기에 대한 의견을 물었다. 이를 통해 포지션 간에 생길 수 있는 오해를 풀고, 다음 경기를 준비하는 데 큰 도움을 얻을 수 있었다. 무엇보다 모두가 발언권이 있다는 사실을 팀원들이 인지하면서 소속감을 고취하고, 팀 활동에 적극적인 태도를 보이게 된 것이 가장 큰 수확이었다.

매 경기가 끝난 후 경기에 대한 내용과 소회를 수기로 작성한 것도 긍정적인 결과로 이어졌다. 팀원들이 매주 한 명씩 돌아가며 수기를 작성했는데 이를 통해 평소 말수가 적어 의견을 듣기 힘들었던 팀원들의 생각과 축구 철학에 대해 알 수 있었다. 또한, 경기 후 작성된 수기를 읽고 지난 경기에 관해 이야기하는 과정은 자연스레 주말 경기에 대한 기대로 이어져 출석률도 높아졌다.

사회인 축구팀의 감독을 맡기 전 나는 축구팀 감독의 가장 큰 매력이 '내가 생각하는 전술과 축구 철학을 그라운드 위에서 펼쳐볼 수 있다는 것'이라고 생각했다. 그리고 실제로 감독이 되어 내가 생각하는 축구를 그라운드 위에서 구현하는 것의 엄청난 매력을 체감했다. 그러나 지금 내가 생각하는 감독의 가장 큰 매력은 '소통'에 있다. 감독의 가장 중요한 역할은 전술이나 선수를 다루는 코칭 능력이 아닌 타인의 의견을 귀 기울여 듣고 조율하는 것이다. 축구는 서로 다른 개개인이 만나 팀을 이루고, 같은 목표를 향해 함께 달리는 팀 경기이기 때문이다. 오로지 즐거움을 위해 모인 사회인 축구팀에서라면 더욱 그렇다.

TALK, PLAY, TOGETHER

영화 〈오프사이드〉가 만든 기적

이란 국가대표팀의 홈 경기장인 아자디 스타디움에는 여러 가지 별명이 있다. 그 첫 번째는 '원정 팀들의 무덤'이다. 경기장이 수도 테헤란의 해발 1,200m 고지대에 위치한 데다가 10만 명에 가까운 홈팬들의 열정적인 응원 덕분에 이란 대표팀이 막강한 홈 성적을 자랑하고 있기 때문이다.

아자디 스타디움의 두 번째 별명은 '금녀의 구역'. 경기장에 여자 축구팬들의 입장을 허용하지 않는 것에서 비롯된 별명인데, 이란에서는 종교적 이유와 함께 남성들의 외설적인 발언과 행동으로부터 여성을 보호하기 위해 여성 스포츠팬들의 경기장 입장을 제한하고 있다. 하지만 아이러니하게도 아자디(Azadi)는 페르시아어로 자유(Liberty)를 의미하는 단어라고.

지난 2006년 국내에 개봉한 자파르 파나히 감독의 영화 〈오프사이드Offside〉는 남장을 한 이란의 여자 축구팬이 이란과 바레인의 월드컵 최종예선 경기를 보기 위해 아자디 스타디움으로 향하는 내용을 담고 있다. 〈오프사이드〉는 개봉 후 이란 내에서 '성역을 무시한 작품'이라며 원색적인 비난을 받았지만, 2006 베를린 국제영화제에서 은곰상을 받는 등 국제적인 관심과 인정을 받았다.

이란은 1979년 이슬람 혁명을 통해 팔레비 왕조가 무너지고 종교 지도자인 호메이니가 절대 권력을 갖는 신정 체제가 되었다. 본디 아리아메흐(Aryamehr, 아리아인의 빛=왕을 뜻함) 스타디움이었던 경기장 이름도 혁명 후 아자디 스타디움으로 바뀌었다. 혁명이 바꾸어 놓은 것은 경기장 이름만이 아니었다. 여성의 사회 활동을 제한하는 법령도 여럿 제정되었는데, 그중 하나가 여성의 남성 스포츠 경기 관전 금지였다. 이 법령에 의해 무려 8년 동안 이란 여성들은 그 어디에서도 스포츠 경기를 볼 수 없었다. 1987년 이란 정부가 여성의 TV 시청 허용명령을 내린 후에야 이란의 여성 스포츠팬들은 다시 경기를 볼 수 있게 되었다.

이란 여성계로부터의 끊임없는 항의에도 꿈쩍 않던 이란 정부는 국제적으로 여성차별을 반대하는 목소리가 점점 커지자 여성의 경기 관전을 부분적으로 허용하기 시작했다. 2003년 '이란 혁명기념 체육대회'에서 약 1만 명의 여성들이 히잡과 차도르를 한 채 경기를 관전했고, 2005년에 열린 독일월드컵 예선에서는 여자 축구선수들을 대상으로 제한적인 경기 관람이 이뤄졌다. 지난 2004년 이란으로 원정 응원을 떠난 붉은악마의 여자 축구팬 40여 명이 끈질긴 설득 끝에 아자디 스타디움에 입장한 이야기는 유명하다.

이런 상황에서 개봉한 영화 〈오프사이드〉는 이란 정부의 여성차별, 그리고 여성의 스포츠 관전 차별에 대한 문제점을 정면으로 꼬집었다. 이란에서는 '웃돈을 얹어서 암표를 사고, 남장과 군인 코스프레까지 해가며 금지된 구역인 아자디 스타디움에 들어가려는 영화 속 소녀 축구팬의 모습'이 영화 제목처럼 선을 넘는 행동이다. 하지만 억류된 여자 축구팬들과 그녀들을 감시하는 군인(정부를 대변하는 역할)들의 대화를 듣고 있으면 진짜 선을 넘는 반칙을 저지른 것이 누구인지 쉽게 알 수 있다.

영화를 통해 이란의 실상이 전 세계에 알려지고, FIFA를 비롯한 세계의 여러 여성단체로부터 비난이 빗발쳤다. 이에 이란 정부는 2015년, 압돌라미드 아흐마디 체육부 부장관을 통해 "외국인 여성들의 경기장 입장을 포함해 이란 여성이 가족과 함께 경기장에 입장할 수 있는 법률을 준비하겠다."고 밝혔고, 이후에도 스포츠 종목별로 순차적이고 부분적으로 여성들의 관전을 허용할 것을 천명했다.

영화 〈오프사이드〉가 이란 내 여성차별 문제에 드라마틱한 변화를 끌어낸 것은 아니다. 하지만 〈오프사이드〉라는 조약돌이 이란 정부라는 꽝꽝 얼어붙은 호수에 균열을 만들고, 꿈쩍도 하지 않던 정국에 파장을 불러일으킨 것은 분명하다. 짧고 잦은 패스가 모여 득점과 승리로 이어지는 축구처럼, 영화 〈오프사이드〉가 일으킨 작은 파장이 꼬리를 물고 이어져 모든 사람이 자유롭게 스포츠를 관람할 수 있는 이란 사회가 되길 바란다.

축구에 성역이 어디 있으랴!

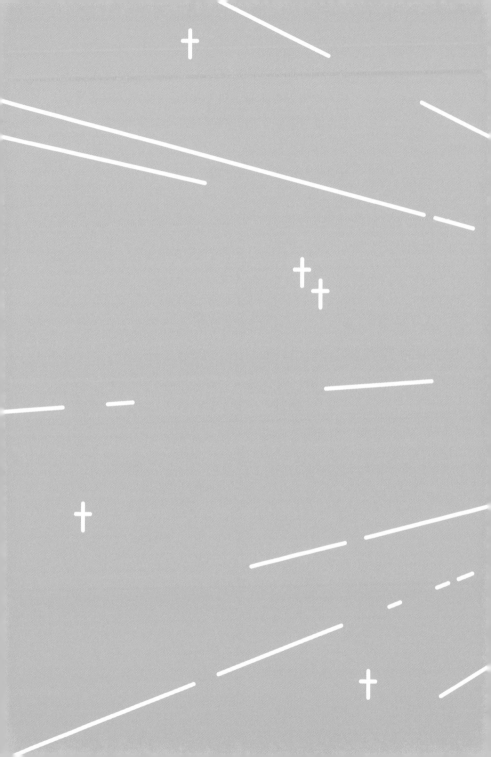

4

라커룸에서 :

재미있게
위대하게

01
전격 공개! 승률을 높이는 노하우

　매주 새로운 팀과 경기를 할 수 있다는 것은 사회인 축구의 또 다른 재미다. 이것은 특히 팀원들에게 커다란 동기부여가 된다. 매주 같은 팀, 같은 선수들을 상대하다 보면 그에 익숙해지는 만큼 지루해지기도 쉬운데, 주말마다 새로운 상대에게 자신의 능력을 시험하면서 육체적으로 그리고 정신적으로 성장할 수 있는 계기가 되기 때문이다.

　나도 다른 팀들과의 만남에서 여러 가지 긍정적인 자극을 받았다. 강한 전력을 갖춘 상대를 만나면 부족한 실력을 극복하기 위해 더 열심히 준비해야겠다는 다짐을 했고, 팀워크와 분위기가 좋은 팀을 만나면 혹시나 벤치마킹할 수 있는 것은 없을까 싶어 상대의 일거수일투족을 유심히 관찰하기도 했다.

　매주 다른 팀을 만나는 것은 끝없는 도전이기도 했다. 계속해서 새로운 환경의 경기장에서 뛰어야 하고, 상대 팀과 선수들에 대한 정보 또한 전혀 없어서 맞춤 전술을 준비하는 것도 불가능했다. 여기에 우리 팀의 출전 선수 명단도 매주 바뀌어 혼란스러움이 가중되었다. 하지만 환경을 탓하며 임기응변

　　　　　　　　　　　　　　　　　　　　　　　　　　　　4. 라커룸에서

과 요행에만 기댈 수는 없는 법. 무언가 대책이 필요했다.

상대의 워밍업을 관찰하라

감독이 된 이후 나는 킥오프보다 20~30분 일찍 경기장에 도착한다. 이는 감독의 부지런함을 팀원들에게 보여주기 위함이 아니라 경기장에 일찍 도착했을 때 얻을 수 있는 보너스가 있기 때문이다. 시간적 여유를 두고 경기장에 도착하면 경기장의 크기와 잔디 상태에서부터 화장실의 위치, 주차 정보, 흡연을 할 수 있는 곳과 하지 말아야 할 곳 등 경기에 도움이 되는 여러 가지 힌트를 얻을 수 있다. 그중 가장 큰 이득은 사전에는 알 수 없던 상대 팀에 대한 정보를 파악할 수 있다는 것이다.

경기장에 일찍 도착했다면 먼저 상대 팀 선수들이 얼마나 일찍 도착하는지 지켜보자. 우리 팀 선수들이 충분한 워밍업을 마치고 경기에 나선다고 가정했을 때, 상대의 경기장 도착 시각과 워밍업 정도는 그날 경기 결과에 지대한 영향을 미친다.

만약 상대 선수들이 경기장에 늦게 도착하고, 충분히 몸을 풀지 못한 채 경기장으로 들어왔다면 초반에 승부를 걸어 볼 수도 있다. 어수선한 상황에서 경기에 투입되면 자연스레 경기력도 좋지 못할 것이기 때문이다.

상대 선수들이 경기장에 일찍 도착했다면 몸을 푸는 모습을 관찰하자. 이러한 워밍업 관찰을 통해 슈팅 임팩트는 어떠한지, 패스에 정확도가 있는지, 흔히 말하는 구력(사회인 축구 경험치, 구력이 좋다는 말은 그만큼 축구를 오래 했음을 의미한다)이 있는지 등 상대 선수들의 기본기와 실력을 가늠할 수 있다. 연습 때 엄청나게 활약한 선수가 실제 경기에서 죽을 쑤는 경우는 드물다. 사전 정찰을 통해 상대 팀의 에이스 플레이어를 발견했다면 그를 저지하기 위한 대비책을 마련하고 경기를 시작할 수도 있다. 이렇듯 상대의 워밍업을 관찰하는 것은 승리할 가능성을 높이고 패배할 가능성을 줄이는 최고의 방법 중 하나다.

필살기를 연마하라

축구 전술에 대한 지식이 해박하고 능력이 출중한 감독이라면 이야기가 다르겠지만, 오로지 열정 하나로 감독이 되어 투박한 커리어를 이어가는 나는 여전히 전술도, 지식도, 리더십도 부족하다. 실전 경기를 통해 계속해서 임기응변에 대한 경험치를 쌓고 있지만 매주 경기 스타일과 실력이 다른 상대를 무너뜨릴 수 있는 맞춤 전술을 준비하는 일은 너무나 복잡하고 힘들다.

운영진들과 함께 고민하고 내린 결론은 '단순한 전술과 반복 학습'이었고, 이것이야말로 우리 팀의 현 상황을 해결해 줄 수 있다고 생각했다. 이후 우리는 소수의 전형과 전술만을 준비한 후 경기를 반복했다. 초반에는 너무 준비가 부실한가 하는 우려도 있었지만, 시간이 지날수록 경기력이 좋아지는 것을 체감할 수 있었다. 어느새 팀원들은 머리가 아닌 몸으로 전형과 전술을 기억하게 되었다. 매주 다른 상대와 경기를 치른다는 조건은 우리에게 도전이자 기회였다. 만약 우리 팀이 매번 같은 상대와 경기를 했다면 금세 상대에게 간파되었을지도 모르지만, 매주 상대가 달라지다 보니 그럴 위험이 줄었다. 반면 매번 달라지는 상대방과 경기 환경에 적응하며 순발력이 길러지고 다양한 유형에 대처하는 방법을 터득하게 되었다.

여기에 운동장 환경에 따라 유연하게 전술과 전형을 운영할 수 있다면 금상첨화. 사회인 축구를 하다 보면 정식 규격의 축구 경기장보다 규모가 작은 초등학교나 중학교의 인조 잔디 운동장에서 경기할 때도 있는데, 경기장에 따라 선수들이 뛰는 방식과 요구하는 전술적 움직임도 달라져야 한다. 이렇듯 예상치 못한 변화와 상황에 대처하기 위해 리더들은 대부분 팀원들에게 여러 방식으로 자극을 주려 한다. 분명 이러한 유사시 대처 능력은 필요하다. 하지만 더 필요한 것은 중심이 단단히 잡혀 있는 '우리만의 것'이다.

대부분의 프로 축구 감독에게는 자신만의 '시그니처Signature'라 할 수 있는 전형과 전술 컨셉이 있다. 여기에 약간의 변칙을 가미해 리그과 토너먼트를 운영하고, 그에 어울리는 새로운 선수와 훈련 프로그램도 구성하게 된다. 사회인 축구라고 다를 것이 없다. 우리 팀만의 필살 전술과 전형을 준비하고 새로운 상대와의 실전 경기를 통해 순발력을 키운다면 승률은 자연스레 높아질 것이다.

02
사회인 축구 핵심 포지션은 어디?

축구 경기에서 가장 중요한 포지션은 어디일까? 최전방에서 골을 넣는 공격수? 중원에서 상대와 끊임없이 싸움을 벌이는 미드필더? 골문을 지키고 후방에서 공격을 지원하는 수비수와 골키퍼? 아니면 이 모든 걸 총괄 지휘하는 감독?

이 어리석은 질문에 대한 답은 "축구에서 중요하지 않은 포지션은 하나도 없다."이다. 축구는 그라운드에서 뛰는 열한 명의 선수들과 포지션이 모두 유기적으로 소통하고 움직여야만 승리할 수 있는 스포츠이기 때문이다. 하지만 프로가 아닌 아마추어 축구라면 어떨까? 사회인 축구에서도 중요한 포지션과 그렇지 않은 포지션의 구분이 없을까?

대답은 "그렇다."이다. 사회인 축구에서도 중요하지 않은 포지션과 선수는 없다. 하지만 사회인 축구는 프로보다 선수 간 기량 차이가 더 크고, 선수단의 두께도 얇기 때문에 포지션의 중요도와 별개로 팀에서 실력이 더 뛰어난 선수들을 우선으로 배치하는 포지션이 있다.

골키퍼, 내가 생각하는 가장 중요한 포지션
학창 시절 남학생들 사이에서 골키퍼는 꽤 천대받던 포지션이었다. 공을 많이 만질 수 없는 포지션이라 재미도 없을뿐더러 스포트라이트를 받기 힘들다고 생각해 모두가 꺼렸기 때문이다. 이런 이유로 골키퍼는 '가위바위보 패자'에게 돌아가는 경우가 많았다. 하지만 이렇게 선정(!?)된 골키퍼는 의욕도 실력도 없어서 힘없는 슈팅에도 골을 먹기 일쑤였다. 그들을 보고 있으면 들판에 서 있는 허수아비가 떠올랐다.

가위바위보를 못했던 것도 아니고, 축구에 대한 의욕이 넘쳐났음에도 내 학창 시절 포지션은 골키퍼였다. 당시 축구부 감독님 말에 의하면 골키퍼에 적합한 신체조건과 동물과도 같은 반사 신경, 그리고 냉철한 판단력과 센스를 갖추고 있었기 때문이라 한다.

하지만 그럴싸한 칭찬에도 골키퍼를 맡는 것은 유쾌하지 않았다. 나는 항상 골을 넣는 스트라이커로 뛰고 싶었다. '뭇 여학생들의 관심을 받고 싶다.'라든가 '뭇 여학생들의 관심을 정말이지 너무나 받고 싶다.'와 같은 이유에서였다.

하지만 골키퍼로 뛰었던 경험은 훗날 내게 커다란 도움이 되었다. 대학 시절 교내 축구대회 승부차기에서 상대의 슈팅을 막아 팀을 승리로 이끈 적도 있고, 어쩔 수 없이 골키퍼로 뛰어야 하는 팀원들에게 원 포인트 레슨을 해 줄 수도 있었다.

골키퍼를 포함한 다양한 포지션을 두루 거친 내 경력은 사회인 축구에서도 쓸모가 많았다. 일반적인 사회인 축구팀에는 전문 골키퍼가 1~2명밖에 없는데 만약 이들이 모두 경기에 나오지 못하면 엄청난 전력 손실이 발생하게 된다. 이때 전력 손실을 최소화하는 방법은 필드 플레이어 중 골키퍼 포지션을 안정적으로 소화할 수 있는 (나 같은) 선수가 골키퍼로 변신하는 것이다. 나는 최전방 공격수로 뛰다가도 전문 골키퍼들이 부재할 때마다 골키퍼로 포지션을 변경해서 뛰었다.

제대로 된 골키퍼들을 보유한 팀은 그렇지 못한 팀에 비해 수비 조직력이나 심리적 안정감과 같은 부분에서 커다란 이점이 있다. 아무리 필드 플레이어들이 열심히 뛰어도 골키퍼의 맥 빠지는 실수 한 번이면 경기 분위기는 순식간에 상대 쪽으로 넘어가고 만다. 하지만 골키퍼가 슈퍼 세이브로 상대의 날카로운 슈팅을 막아낸다면 아군의 사기를 진작시키고 상대의 사기를 꺾는 두 가지 효과를 낼 수 있다.

병법의 대가 손자는 『손자병법孫子兵法』에서 전방에서의 전투에 집중하려면 후방에서의 지원이 필수라고 했다. 축구가 전쟁이라면 후방 지원의 핵심은 골키퍼다. 만약 사회인 축구에 단 한 명의 슈퍼스타를 영입할 수 있다면 나는 주저 없이 골키퍼를 선택할 것이다.

측면 수비수, 상대의 예봉을 막아라

당신이 감독이라면 팀에서 가장 빠르고 위협적인 공격수를 어디에 배치할 것인가? 대부분의 프로 감독은 최전방과 측면에 팀의 에이스 공격수를 배치한다. 호날두, 메시, 아자르 등 세계 최고의 선수들이 뛰는 포지션도 그와 같다. 프로 축구와 마찬가지로 사회인 축구에서도 팀에서 가장 공격 능력이 출중한 선수들에게 측면 공격을 맡긴다. 그러므로 이들을 상대해야 하는 우리 팀의 측면 수비 또한 출중한 체력과 실력을 갖추고 있어야 한다. 측면의 붕괴는 대량 실점의 빌미가 되며 수비뿐 아니라 공격 작업에도 장애가 되기 때문이다.

훌륭한 수비 전술은 팀을 우승으로 이끈다

축구에는 "훌륭한 공격 전술은 경기에서 승리할 수 있게 만들지만, 훌륭한 수비 전술은 팀을 우승으로 이끈다."라는 격언이 있다. 수비가 탄탄해 상대에게 실점을 허용하지 않으면 패배하지 않는 최소한의 조건을 갖추게 된다. 단한 골을 넣더라도 실점이 없다면 1:0으로 승리할 수 있다. 그동안 여러 사회인 축구팀들과 만나 치렀던 경기를 돌이켜보면, 언제나 까다로운 상대는 공격수가 뛰어난 팀이 아니라 강력한 수비진을 구축하고 있는 팀이었다.

만약 팀원들의 기량이 고르지 않다면 수비진을 단단하게 구성하는 것부터 시작해 보자. 자연스레 경기력도 좋아지고 승률도 높아질 것이다.

03
체력이 곧 실력이다

현역 시절 강력하고 정교한 킥의 대명사였던 데이비드 베컴은 화려한 기술과 동시에 엄청난 체력과 넓은 시야를 갖춘 선수였고, 유럽 선수들보다 상대적으로 체격이 작았던 박지성은 90분 내내 폭발적으로 경기장을 휘젓는 강철 체력과 포기를 모르는 투지를 무기로 세계적인 선수로 거듭날 수 있었다. 현대 축구는 선수에게 다양한 능력을 요구한다. 공격수에게도 수비적인 역할을 요구하고, 수비수에게도 공격 가담을 주문한다. 이를 수행하기 위해서는 축구 지능도 뛰어나야 하지만 무엇보다 강력한 체력이 뒷받침되어야 한다.

사회인 축구팀은 보통 하루에 네 게임에서 최대 여섯 게임을 치른다. 한 게임이 25분씩 진행되므로, 선수 한 명이 여섯 게임을 전부 뛴다고 가정하면 무려 150분을 뛰어다녀야 한다. 두 시간 반 동안 축구 경기를 하는 것은 전문적으로 체력을 단련하는 프로 선수에게도 쉽지 않은 일. 체력을 관리하기는커녕 유지하는 것도 힘든 사회인들이 150분을 정상적인 컨디션으로 소화하는 것은 기적에 가깝다. 사회인 축구팀에서 체력이 곧 실력인 이유다.

교체할 선수가 많은 팀, 즉 참석 인원이 많은 팀이 경기에서 유리한 이유도 여기에 있다. 가용 인원이 적은 팀의 경우 체력적인 부하가 덜한 초반에는 엇비슷한 경기력을 유지할지 몰라도, 장기전으로 갈수록 뛰는 양과 집중력에서 상대와 현격한 차이가 발생하게 된다. 게다가 휴식을 취해야 할 팀원이 심판을 보러 운동장에 나서야 한다면 온전히 체력을 회복하는 것도 어려워진다.

그래서 사회인 축구팀 운영진의 가장 중요한 역할은 팀원들의 체력을 관리하고, 이를 위한 여러 가지 장치를 마련하는 것이다. 주중에는 사회인으로 돌아가 생활하는 팀원들의 체력은 어떻게 관리해야 할까? 경기장 안과 밖에서 팀원들의 체력을 관리하는 방법을 알아보자.

경기장 안, 초반 러시는 신중하게

상대가 워밍업을 제대로 하지 못했다거나, 아직 전열이 정비되지 않은 틈을 타 초반부터 강력하게 밀어붙이는 것은 강력한 전술이 될 수 있지만, 우리 팀의 상황을 살펴 신중하게 운용해야 한다. 초반에 너무 많은 에너지를 소모하면 후반 뒷심에서 밀릴 수 있기 때문이다. 때때로 강인한 정신력이 체력의 열세를 극복하는 일도 발생하지만, 일반적으로 뛰는 양과 체력은 반비례한다. 많이 뛰면 팀의 체력은 자연스레 떨어지고, 상대보다 적게 뛰는 팀은 경기에서 패배할 가능성이 커진다. 그럼에도 초반 러시를 감행하고 싶다면 반드시 결과를 만들어낼 각오로 임해야 한다. 초반 러시를 감행하고도 점수 차를 벌려놓지 못했다면 남은 경기 운영이 어려워지기 때문이다.

경기장 밖, 팀원들의 컨디션을 관리하라

주말 운동을 하는 우리 팀의 경우 숙취가 덜 풀린 채 경기장에 오는 팀원들을 종종 볼 수 있다. 일주일 동안 학업과 업무로 쌓인 스트레스를 풀고, 오랜만에 반가운 얼굴들을 만나 술 한잔 기울이는 것을 뭐라 할 수는 없다. 하지만 아직 숙취가 해소되지 않은 몸으로 경기를 뛰는 것은 자신과 상대 팀 선수들의 부상을 초래할 수 있는 위험한 행동이다. 실제로 숙취가 남아 있는 상태에서 운동을 하면 근육 경련이 일어날 확률이 평소보다 훨씬 높다.

프로페셔널 아마추어리즘을 갖춘 사회인 축구선수라면 운동 전날 과음을 하거나 밤을 새우는 등 몸에 무리가 갈 수 있는 행동을 알아서 하지 않겠지만, 운영진들이 팀 커뮤니티나 문자 메시지를 통해 좋은 컨디션으로 경기장에 올 것을 권유한다면 이러한 부분을 미연에 방지할 수 있다. 따뜻한 메시지를 주고받으며 팀의 결속력이 높아지는 것은 덤이다.

적절한 문자 공지의 예:

술 냄새 풍기면서 오면
선발에서 제외합니다.

체력소모가 큰 축구에서 경기 전 식사 여부는 경기 내용에 큰 영향을 미친다. 최선의 방법은 원활한 소화를 위해 경기 시작 한두 시간 전에 여유롭게 음식을 섭취하고 오는 것이다. 경기를 섭외할 때 미리 식사 시간을 고려해서 경기 시간을 잡을 수 있다면 가장 좋겠다.

우리 팀의 경우 식사를 하지 못하고 오는 팀원들을 위해 초코바와 바나나 같은 식사대용 간식을 준비한다. 대부분 간식은 에너지 보충을 위해 달콤한 것들로 구성하는데, 체력이 급속히 떨어지는 무더운 여름에는 간식의 위력이 더욱 배가 된다.

04
히든카드를 꺼내는 타이밍

프로 축구는 한 경기에서 선수 교체를 3명으로 제한하고 있다. 하지만 사회인 축구에서는 교체 인원의 제한이 없다. 근육 경련이나 타박상과 같은 부상으로부터 선수들을 보호하고, 종종 프로보다 더 많은 시간을 뛰기도 하는 선수들의 체력 안배를 위해 선수 교체를 무제한으로 허용한 것이다.

프로 축구에서 선수 교체는 감독이 사용할 수 있는 가장 직접적인 전술 카드다. 경기를 리드하고 있는 상황에서 수비 숫자를 늘려 상대의 반격을 차단하거나, 득점을 만들기 위해 미드필더나 공격수를 투입하는 경우가 대표적이다. 하지만 사회인 축구에서는 선수들의 출전 시간을 최대한 균등하게 분배하는 것이 결과보다 우선시되기에 그와 같은 전술적 판단과 실행(선수 교체)이 활발하지 않다.

선수 교체는 수비 위주로

앞서 사회인 축구에서 승률을 높이는 방법으로 '탄탄한 수비진 구성'을 이야기한 바 있다. 그래서 대부분의 사회인 축구에서는 선수 교체가 수비진 위주로 진행된다. 사회인 축구에서는 팀 전체 전술보다 부분 전술이나 일대일 상황에서의 능력 차이가 결과로 이어지기 때문이다. 창단 초기 우리 팀의 경기가 어려웠던 이유 중 하나는 실력이 부족하거나 축구 경력이 없는 팀원들을 측면 수비수로 기용했기 때문이다. 아무리 골을 많이 넣어도 수비에서 지켜주지 못하니 경기력이 좋지 못할 수밖에.

측면 수비수는 상대 팀에서 가장 실력이 출중한 선수들과 자주 일대일 대결을 벌이는 포지션이다. 측면 수비에 균열이 발생하고 계속해서 상대에게 공간을 내주게 되면 경기 결과까지 내주고 만다. 그렇기 때문에 경기 시작 전에 수비진을 탄탄하게 구성했다 하더라도 실전에서 우리 팀의 측면 수비수가 상대 공격수를 당해내지 못한다고 판단되면 과감한 선수 교체를 생각해 보아야 한다.

선수 간의 일대일 매치 업에서 가장 큰 차이를 만드는 부분은 스피드다. 상대의 측면 공격수가 폭발적인 스피드를 바탕으로 우리 팀의 측면 수비를 허문다면 우리 또한 발 빠른 수비수를 투입하거나 측면 미드필더, 공격수들의 수비 지원을 강화하는 방법으로 대응해야 한다. 특히 측면 수비수는 체력 소모가 심한 포지션이기 때문에 선수단을 운영할 때 반드시 가용 인원을 2명 이상 보유할 것을 추천한다.

마지막 게임까지 생각하라

사회인 축구에서는 25분씩 한 게임 한 게임을 승리로 이끄는 것도 중요하지만, 모든 게임의 점수를 더한 합산 스코어에서 승리하는 것이 더 중요하다. 그래서 감독은 그날의 경기 스케줄을 모두 고려해 스쿼드를 운영해야 한다.

그중에서도 마지막 게임에 나설 선수들의 명단을 구상하는 것이 핵심이다. 마지막 게임에서는 체력과 집중력이 바닥나 네 골을 리드하고 있다가도 다섯 골을 내주어 패배할 수도 있고, 반대로 극적인 역전승을 일궈 낼 수도 있다.

특히 중요한 것은 마지막 게임에 나설 선수들의 명단을 미리 생각해두는 것이다. 우리 팀의 경우 선수들의 출전 시간을 균등하게 분배하는 것을 기본 원칙으로 하고 있지만, 마지막 게임에서만큼은 체력이 남아 있거나 비교적 실력이 우수한 선수들이 뛸 수 있도록 로테이션을 조정하고 있다. 경기 종반부에는 우리 팀만큼이나 상대도 체력과 집중력이 떨어져 있기 때문에 지고 있다면 역전승을 노리고, 이기고 있다면 승리를 굳히기 위해 전력을 집중해야 한다.

심판도 로테이션이 필요해

경기에 뛸 선수들의 명단을 정리하는 것 외에 주심이나 부심으로 경기에 참여하는 선수들의 이탈도 고려해야 한다. 전문 심판을 따로 섭외하는 프로 축구와 달리 사회인 축구에서의 심판은 그날 경기하는 사회인 축구팀에서 번갈아 충당하는 경우가 대부분이다. 두 팀의 맞대결이라면 한 팀에서 주심을 맡을 경우 다른 한 팀에서 부심을 맡는 것이 일반적이지만, 상황에 따라 한 팀에서 3명의 선수가 심판으로 차출되기도 한다.

심판도 경기에 뛰는 선수들만큼이나 체력 소모가 크다. 정확한 판정을 위해 계속해서 공을 따라 경기장을 뛰어다녀야 하는 데다가, 판정에 불만을 품은 선수들과도 계속해서 기 싸움을 벌여야 하기 때문이다. 아무나 심판을 볼 수 있는 것도 아니다. 어느 정도 이상의 축구 지식을 갖춰야만 경기를 원활하게 진행할 수 있기 때문에, 경기를 운영할 때는 심판을 볼 수 있는 팀원의 로테이션까지도 고려해야 한다.

히든카드를 꺼내는 타이밍

사회인 축구에서는 선수 교체로 경기의 흐름이 바뀌고, 드라마틱한 결과로 이어지는 경우가 흔치 않다. 선수들의 실력 차가 그다지 크지 않고, 갑작스러운 부상 등의 변수가 아니면 출전 시간 분배를 위해 선수를 교체할 필요성이 떨어지기 때문. 그래서 상대가 예측하지 못한 비장의 수, 즉 히든카드를 꺼내야 하는 특별하고 적확한 타이밍을 기다리기보다 팀이 끝까지 일정 수준 이상의 경기력을 유지할 수 있도록 스쿼드를 설계해야 한다.

프로 축구 감독들은 팀의 경기력이 좋지 않거나, 자신이 의도했던 방향으로 경기가 풀리지 않을 때 손에 쥐고 있던 히든카드를 꺼낸다. 기존에 낸 카드만으로도 원하는 결과를 얻을 수 있다면 주전들의 체력 안배 외에는 선수를 교체할 이유가 없는 것이다. 그래서 히든카드는 최고의 방법이 아니라 최후의 수단으로 보는 것이 옳다. 승리보다 출전 시간 분배를 우선으로 하는 사회인 축구에서는 더욱 그렇다.

05
'리더' 무리뉴는 어떻게 이야기하는가?

포르투갈 출신 축구 감독 주제 무리뉴 José Mourinho는 그를 추종하는 팬만큼이나 많은 안티를 거느리고 있다. 상대 팀 감독과 선수는 물론 언론과 축구협회를 가리지 않고 독설을 퍼부은 덕분에 생긴 안티 팬덤이다.

하지만 무리뉴는 자신의 팀과 선수들에 관한 것이라면 한 발짝도 물러서지 않고 방패막이를 자처한다. 경기에서 승리했을 때 그 공을 모두 선수에게 돌리고, 경기 결과가 좋지 못할 때는 감독인 자신이 모든 책임을 지는 리더십의 기본 원칙 또한 철저히 지키고 있다. 자신만의 색깔로 축구사에 커다란 족적을 남기고 있는 무리뉴의 화법과 리더십을 살펴보자.

무리뉴 화법
감독이 된 후 무리뉴는 언제나 맨 앞에 있었다. 단 한 번도 선수들 뒤에 숨지 않았다. 팀의 성적 부진으로 언론의 뭇매를 맞을 때도 스스로 방패가 되어 선수들이 상처받지 않게 보호했고, 팀의 승리를 위해서라면 축구협회와도 설전을 마다하지 않았다. 이렇듯 열정적인 그의 리더십은 나를 포함한 여러 조직의 리더들에게 큰 영감을 주었다. 이렇듯 선수 한 사람 한 사람을 소중히 여기고 격려하는 그의 마음은 화법에서도 나타난다. 2009/2010시즌 인터밀란 감독 시절 바르셀로나와의 챔피언스리그 준결승 2차전에서 0:1로 패한 뒤 인터뷰에서 그는 이렇게 말했다.

"오늘 우리 팀 선수들은 엄청난 경기를 치렀다. 바르셀로나를 상대하려면 11명이 싸워도 쉽지 않은데 겨우 10명으로 그 일을 해낸 것이다. 비록 0:1로 졌지만, 이 경기는 내 생애 가장 멋진 패배다. 우리 선수들에게 박수를 보내고 싶다."

인터 밀란은 2차전 패배에도 불구하고 합계 스코어 3:2로 바르셀로나에 앞서며 결승에 진출했다. 완벽한 전술의 승리라는 평이 많았지만, 무리뉴는 수적 열세에도 최선을 다해 뛴 선수들에게 모든 공을 돌렸다. 이어 치러진 결승전, 인터 밀란 선수들은 그의 믿음에 화답하며 무리뉴에게 챔피언스리그 우승 트로피를 선물했다.

레알 마드리드 감독 시절에는 화려한 공격수들에게 가려져 능력과 공로를 인정받지 못하던 측면 수비수 알바로 아르벨로아를 치켜세우기도 했다.

"사람들은 알바로를 스타라고 부르지 않는다. 하지만 나와 우리 코치진은 알바로를 대단히 중요한 선수라 여기고 있다. 선수들 또한 마찬가지다."

이 인터뷰를 통해 아르벨로아가 팀에 더욱 헌신하게 된 것은 물론, 다른 선수들도 자신감을 얻어 맡은바 위치에서 최선을 다하기 시작했다. 많은 전문가가 무리뉴의 성공 비결로 '완벽한 선수단 장악'을 꼽는다. 하지만 무리뉴는 단 한 번도 그들의 표현처럼 선수단을 장악하려 들지 않았다. 오직 선수들과 소통하고 그들을 이해하기 위해 끊임없이 노력했을 뿐이다.

4. 라커룸에서

아마추어 리더는 어떻게 이야기해야 하는가?

사회인 축구 경기를 치르다 보면 다양한 상황을 마주하게 된다. 뜻대로 경기가 잘 풀리고 결과까지 좋다면 가장 훌륭하겠지만, 그 반대의 상황이라면 밀려오는 흥분과 짜증을 막을 길이 없다. 특히 운영진들은 다른 팀원들보다 감정 변화의 폭이 더 크다. 이러면 안 된다는 것을 알면서도 저도 모르게 언성이 높아지고 실수를 저지른 팀원들에게 짜증 섞인 표정으로 지시를 퍼붓기도 한다. 이런 상황이라면 팀원들도 평정심을 유지하기가 쉽지 않다. 즐거운 마음으로 축구를 하러 왔는데 실수 연발에, 경기도 풀리지 않고, 짜증 섞인 소리까지 들으니 도저히 공 찰 맛이 나지 않는다. 악순환이 시작되는 것이다. 이럴 때 아마추어 리더는 어떻게 이야기해야 할까?

칭찬과 격려는 언제 들어도 기분이 좋고 힘이 솟는다. 그래서 칭찬과 격려에는 적절한 타이밍이 없다. "제삼자로부터 전해 듣는 칭찬이 더 기분 좋다."라든가 "사소한 것 하나까지 칭찬하라."와 같은 노하우가 그리 중요하지 않은 이유다. 칭찬은 하는 사람도, 듣는 사람도 기분이 좋아지니까.

하지만 꾸짖음과 지시의 경우라면 얘기가 다르다. 사회인 축구에서는 기본적으로 모두가 평등한 위치에서 소통이 이루어지지만, 감독과 코치를 비롯한 운영진의 경우 팀의 집중력과 정신력을 끌어올리기 위해 언성을 높여야 할 때가 있다. 이럴 때 가장 중요한 건 타이밍이다.

옥박의 타이밍 아마추어 리더들이 가장 피해야 할 것은 플레이가 진행되고 있는 그라운드 위에서 선수를 나무라고 짜증을 표출하는 일이다. 경기 중에 그것도 같은 팀 동료들끼리 감정을 소모한다면 팀 스스로 붕괴를 자초하는 꼴이 되고 만다. 그러므로 경기를 치르는 중에는 서로의 실수를 덮어 주고 격려를 아끼지 않아야 한다. 체력적으로도 힘들고 숨이 가쁜 상황에서는 말하는 사람도, 듣는 사람도 차분하게 대화를 이어나갈 수 없다. 가능하다면 실수 상황을 머릿속에 기억해두었다가 휴식 시간에 라커룸에 돌아와 조용히 이야기할 것을 추천한다.

다른 팀원들 앞에서 공개적으로 실수를 지적받으면 선수 본인의 자존감뿐 아니라 경기에 대한 의지마저 꺾일 수 있다. 그럼에도 불구하고 경기 중에 짜증이 몰려온다면 치킨이나 피자를 생각하며 마음을 달래보자.

리더십은 기본기부터 볼 컨트롤, 패스 등 축구에 기본기가 있는 것처럼 리더십에도 기본기가 있다. 그것은 바로 무리뉴가 그랬던 것처럼 '팀이 승리하면 선수들의 공, 팀이 원하는 결과를 얻지 못하면 전부 내 탓'을 강조하고 실천하는 것이다.

사회인 축구는 프로보다 감독이 경기에 개입할 소지가 적다. 경기 내용 결과는 대부분 선수들의 컨디션과 기본 기량에서 비롯되고, 감독의 역할도 세밀한 전술을 준비하는 것보다 파이팅을 북돋우고 모두에게 균등한 시간이 주어지도록 출전 시간을 분배하는 것에 초점이 맞춰져 있기 때문이다. 그러므로 감독의 입장에서는 팀이 승리할 경우 열심히 뛰어준 팀원들에게 그 공을 돌리는 것이 당연하다. 이처럼 선수들에게 지속해서 자신감을 불어 넣으면 강력한 동기부여로 무장한 팀을 만들 수 있다.

전술은 단순하고 정확하게 대부분의 아마추어 리더가 저지르는 실수 중

하나는 프로들의 모습을 너무나 동경한 나머지 능력치 이상의 퍼포먼스를 추구한다는 것이다. 하지만 안타깝게도 과욕은 대부분 참사로 이어진다. 그래서 아마추어 리더, 특히 사회인 축구팀 감독에게는 팀이 가지고 있는 모든 능력치를 발휘할 수 있도록 단순명료한 전술과 지시를 내리는 것이 중요하다. "이번 게임에서는 무실점을 목표로 하자."라든가 "공격수는 슈팅을 2개 이상 해 보자." 등 정확하면서도 달성하기 쉬운 목표를 제시한다면 선수들은 더욱 경기에 집중할 수 있다.

한번은 일산으로 원정 경기를 떠난 적이 있다. 상대는 기본기가 탄탄한 강팀이었는데, 여기에 홈그라운드 이점까지 얻어 상대하기가 무척 까다로웠다. 설상가상으로 수비진의 실수까지 겹쳐 우리 팀은 경기 시작 20분도 채 되지 않아 두 골을 내주며 끌려가기 시작했다. 경기 흐름을 바꾼 건 첫 번째 25분 게임이 끝나고 라커룸에서 나눈 대화였다. 비교적 경험이 많은 팀원 한 명이 수비진의 움직임을 바로잡아주기 시작했고, 공격진 또한 마무리 방법과 수비 가담에 대해 적극적인 참여 의사를 보였다. 이후 경기는 팽팽하게 흘러갔고 공격과 수비 모두 집중력을 발휘하며 경기 종료 두 게임을 남겨둔 상황에서 스코어를 동점으로 만들었다.

우리는 실점만 하지 않는다면 반드시 기회가 올 것으로 판단했고, 측면 공격수들에게도 적극적인 수비 가담을 요구하는 등 무실점에 초점을 맞춰 스쿼드를 구성했다. 결과는 성공적이었다. 남은 두 게임 중 첫 번째 게임에서 0:0 결과를 끌어낸 것이다. 덕분에 마지막 25분에서 승부를 볼 수 있었다. 이전 게임에서의 성공이 계기가 되었을까? 우리 팀은 마지막 게임에서 상대 팀을 따돌리며 최종 스코어 6:5로 승리했다.

이 승리를 통해 작은 성공이 가져오는 성취감과 그로 인한 동기부여, 팀원 모두가 의견을 모았을 때 발생하는 시너지, 단순하고 정확한 목표 설정의 효과 등 여러 가지를 배울 수 있었다. 하지만 모든 공은 최선을 다해 끝까지 뛴 선수들의 몫이었으며, 내가 아닌 우리의 승리였다. 팀원 모두가 내용과 결과 전부 기억에 남는 승부로 이날 경기를 기억하고 있다.

축구는

기적이다

칠레 광부
33인의
아름다운 기적

2010년 8월 5일, 칠레 코피아포 인근의 산호세 광산이 무너졌다. 그리고 광산 붕괴와 함께 구리를 채굴하던 광부 33명이 700m 지하에 매몰되었다. 70만 톤에 달하는 암석이 광부들을 뒤덮고 있었고 식량과 물도 충분하지 않았다.

칠레 정부는 곧바로 대책 회의에 나섰지만 뾰족한 수가 보이지 않았다. 구조 및 탐사 작업이 시작된 지 보름이 지났을 때까지 광부들의 생사조차 알 수 없었다. 하지만 구조 작업 17일 만에 기적이 벌어졌다. 지하를 뚫고 내려간 드릴에 "광부 33명 전원 무사"라고 적힌 쪽지가 매달려 올라온 것이다. 광부들의 기적적인 생존 소식에 구조 작업은 활기를 띠기 시작했다.

범세계적인 응원의 물결도 이어졌다. 스티브 잡스는 아이팟을 보냈고, 교황 베네딕토 16세는 묵주를 보냈다. 미항공우주국 NASA는 자신들이 가지고 있는 구조 관련 노하우는 물론, 우주식량과 첨단 장비 등 광부들의 생존에 도움이 될 만한 모든 것을 지원했다.

2010년 10월 13일 0시 10분, 매몰 69일 만에 첫 번째 구조자 플로렌시오 아발로스가 구조용

캡슐인 불사조(Fenix 2)를 타고 지상으로 올라왔다. 같은 날 21시 55분에 루이스 우르수아가 마지막으로 구조되면서 33명 광부의 기적적인 생존 스토리는 해피엔딩으로 막을 내렸다.

마지막 구조자, 루이스 우르수아

갱도 감독관이자 33명 광부 중 마지막으로 구조 캡슐에 탑승한 루이스 우르수아는 광부가 되기 전 축구 코치 경력이 있었다. 그는 그때의 경험을 되살려 매몰 현장에서 죽음이라는 극단적 공포와 마주한 광부들을 통솔했고, 구조가 진행되었을 때도 자신이 아닌 다른 동료들이 모두 구출된 후에야 구조 캡슐에 오르는 등 마지막까지 리더십을 보여줬다.

광산에 매몰된 33명에게 우르수아는 규율과 역할을 강조했다. 마치 축구팀에서 포지션과 역할을 나누는 것처럼 광부들에게 오락 반장, 간호사, 기록자, 정신적 지주 등 각각의 재능과 특기를 살려 임무를 배정했다. 광부들은 이렇듯 철저한 역할 분담을 통해 열악한 상황과 한정된 자원을 극복할 수 있었다. 우르수아는 매몰 당시 지상과 통신이 연결된 후 인터뷰를 독점했는데 마치 축구 클럽에서 미디어 콘퍼런스를 진행할 때처럼 반드시 할 말이 있는 광부만을 대동해 지상으로 메시지를 전했다. 이 또한 규율과 질서에 입각한 행동이었다.

물론 광부들이 구출될 때까지 버틸 수 있었던 것이 우르수아만의 공은 아니다. 50년 경력의 최연장자 마리오 고메스는 광부들이 희망을 잃지 않게 정신적 지주 역할을 했고, 다른 광부들 또한 각자 자신이 맡은 역할을 성실하게 수행하며 모두의 생존을 위해 힘을 보탰다. 하지만 이 모든 것은 마지막까지 자신보다 동료들을 우선하고 팀워크를 강조했던 우르수아의 리더십이 있었기에 가능한 일이었다.

축구, 산호세 광산을 하나로 묶다

산호세 광산에 매몰된 광부 중에는 전직 프로 축구선수 프랭클린 로보스도 있었다. 로보스는 칠레의 프로 축구팀 레지오날 아타카마에서 데뷔해 15년간 활약했으며, 칠레 올림픽 대표로도 뛴 이력이 있었다. 구조 작업에 자원한 20년 경력의 광부 곤잘레스는 "선수 시절 로보스는 환상적인 선수였다. 나는 그가 묻혀 있다는 소식을 듣자마자 구조 현장에 자원했다."라고 소회를 밝혔다. 또한, 아버지와 할아버지가 모두 광부 출신이었던 스페인 국가대표 스트라이커 다비드 비야는 사인 유니폼을 로보스에게 보내며 그를 응원했다.

로보스가 지상으로 구출되었을 때 세바스티안 피녜라 칠레 대통령은 생환을 축하하는 의미로 그에게 축구공을 건네주었다. 그는 건네받은 공을 무릎과 발로 능숙하게 리프팅하며 생존의 기쁨을 만끽했는데, 이 장면이 전 세계로 보도되며 화제가 되기도 했다.

매몰 광부 중 가장 나이가 어린 지미 산체스는 칠레 프로 축구팀 '유니버시다드 데 칠레'의 스트라이커 디에고 리바롤라의 사인 유니폼을 선물로 받았다. "우상으로부터 응원의 메시지를 받은 것이 생존에 큰 힘이 되었다." 라고 밝힌 산체스는 지상에 올라오자마자 유니버시다드 데 칠레의 깃발을 흔들어 응원과 격려에 화답했다. 로보스와 산체스 외에 다른 광부들도 자신이 좋아하는 팀의 유니폼과 깃발을 선물 받았다.

매몰 당시 칠레 정부는 열성 축구팬이었던 광부들을 위해 2010년 9월에 치러진 칠레와 우크라이나의 친선 경기 영상이 담긴 소형 프로젝터를 갱도에 내려보내기도 했다. 안타깝게도 이 경기에서 칠레는 우크라이나에 1:2로 패배했지만, 칠레 대표팀을 응원하면서 광부들은 700m 지하에서 한마음 한뜻으로 뭉칠 수 있었다.

기적적인 생존과 구조, 그 이후
구출된 광부들이 모두 건강을 회복한 후 피녜라 대통령의 제안으로 대통령팀과 광부/구조대팀 간의 축구 경기가 벌어졌다. "이기는 팀은 대통령 궁으로 가고, 지는 팀은 갱도에 갑시다."라는 피녜라 대통령의 재치 있는 농

담과 함께 시작된 경기는 프로 축구선수 출신인 프랭클
린 로보스의 맹활약에도 대통령팀의 3:2 승리로 마무리
되었다. 경기가 끝난 후 양 팀 선수들은 함께 '치치치레
레레 칠레칠레(Chi chi chi le le le chile chile)'라는
칠레 축구대표팀 응원 구호를 외치며 우애를 다졌는데,
이것은 광산에 매몰되었던 33명을 하나로 뭉치게 한 구
호이기도 했다.

매몰된 광부들에게 사인 유니폼을 비롯해 여러 지원을
아끼지 않았던 스페인 축구 클럽 레알 마드리드와 광부
의 아들로 맨체스터 유나이티드의 전설이 된 보비 찰튼
경도 생존 광부들에게 경기 초대장을 보냈다. 이들의 이
야기는 〈33〉이라는 제목의 영화로도 제작되었는데, 할
리우드의 유명 배우 안토니오 반데라스가 주연을 맡아
화제가 된 영화는 2015년 개봉되어 사람들의 마음에
깊은 울림을 주었다.

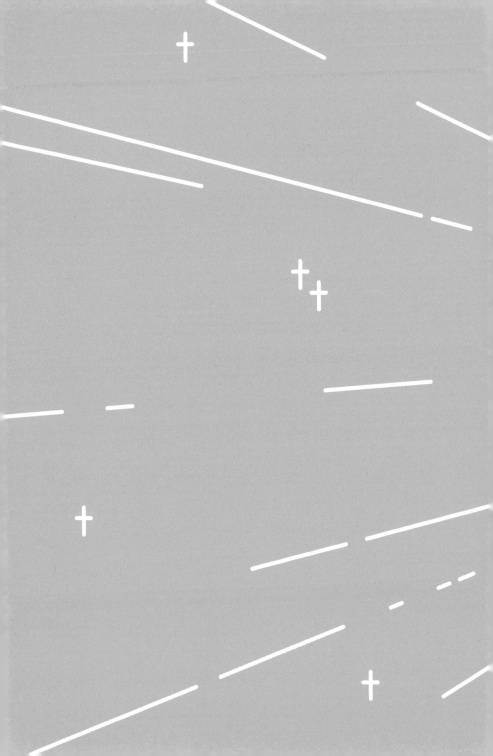

인저리 타임 :

아직 끝나지 않은 이야기

01
Why Always Fair Play?

"안녕하세요. FC OOO입니다. 우리 팀은 20~30대 순수 아마추어로 구성되어 있으며 페어플레이와 매너 게임을 지향합니다. 많은 초청 바랍니다. 010-0000-0000."

온라인 커뮤니티에 올라와 있는 사회인 축구팀 소개 문구에 빠지지 않고 등장하는 두 가지 단어가 있으니. 바로 '페어플레이'와 '매너 게임'이다. 즐거운 마음으로 운동을 하러 왔는데 상대 팀으로부터 부상을 입을 수도 있는 거친 플레이나 비신사적인 행위를 당한다면 기분이 어떨까? 순간적으로 기분이 상하는 것은 물론, 나아가 사회인 축구에 대한 애정까지 식을지도 모른다.

페어플레이와 매너가 중요한 첫 번째 이유는 이 두 가지가 나와 우리 팀이 즐겁게 경기할 수 있는 기본 조건이기 때문이다. 축구는 계속해서 서로의 몸과 몸을 부딪쳐야 하는 터프한 스포츠다. 하지만 도가 지나친 파워 플레이로 인해 선수들이 바닥에 나뒹구는 상황이 반복적으로 벌어진다면, 사회인 축구는 놀이나 즐거움이 아닌 전투로 바뀌고 말 것이다.

축구 경기의 흐름은 작용 반작용과 같아서 우리가 먼저 거칠게 행동하고, 매너 없이 굴면 상대 또한 그와 같이 대응하게 된다. 하지만 상대가 페어플레이를 하지 않는다고 해서 우리 또한 비매너로 대응할 필요는 없다. 애초에 경기장에서 얼굴을 붉히는 상황을 만들지 않으려면 팀 스스로 매너 게임과 페어플레이에 집중하고 긴장감을 유지해야 한다.

페어플레이를 해야 하는 두 번째 이유는 우리 팀의 축구가 오늘뿐 아니라 다음 주와 그다음 주에도 계속되기 때문이다. 홈 경기장이 없는 팀의 운영진에게는 매주 경기장과 상대 팀을 섭외하는 일이 엄청난 스트레스다. 팀의 상황과 입맛에 맞는 경기를 찾기 위해 일주일 내내 커뮤니티를 찾고 또 찾아야 하기 때문이다. 만약 우리 팀이 다른 팀과의 경기에서 비신사적인 행위를 저질러 사회인 축구 커뮤니티에서 평판이 나빠진다면 앞으로 경기를 섭외하는 일은 더 어려워질 것이다. 경기 섭외가 제대로 이루어지지 않으면 팀의 존속 또한 담당할 수 없게 된다. 악순환이 시작되는 것이다.

페어플레이와 매너 게임은 비단 그라운드 위에서만 중요한 것이 아니다. 선수가 제시간에 운동장에 도착하지 않아서 경기 시작을 지연시키는 일, 심판이 자신이 소속된 팀에 유리하도록 편파 판정을 계속해 경기 분위기를 망치고 양 팀 선수들의 얼굴을 붉히는 상황, 선수들이 제대로 장비를 갖추지 않고 출전하는 경우와 같은 모든 상황이 페어플레이와 매너 게임을 위반하는 일이다.

페어플레이 그 후
사회인 축구에서 한 번 겨뤘던 팀과 연락을 주고받고 정기적으로 교류하는 일은 생각보다 흔하지 않다. 상대 팀 운영진에게 먼저 다가가 살가운 목소리로 연락처를 묻지 못하는 터프가이들이 잔뜩 모여 있는 스포츠라는 것이 첫 번째, 경기가 끝나면 정리하고 집으로 돌아가기 바쁘다는 것이 두 번째 이유다.

하지만 우리 팀은 다른 사회인 축구팀들과 지속해서 교류하기 위해 최대한 많은 노력을 하고 있다. 처음에는 홈 경기장을 갖추지 못한 팀끼리 초청이나 경기장 양도 등의 기회가 생겼을 때 정보를 공유하기 위해 연락처를 저장해두는 것이 전부였지만, 오랜 시간 연락을 주고받다 보니 자매 구단처럼 정기적으로 시합을 하는 팀이 생겼고, 팀 운영에 대한 고충을 나눌 정도로 친분이 쌓인 운영진도 있다.

이렇게 긍정적인 관계로 발전할 수 있었던 바탕에는 경기에서의 페어플레이가 있었다. 만약 경기장에서 상대 팀과 좋지 못한 기억이 생겼다면 절대 경기장 밖에서 따로 연락을 주고받았을 리 없다. 상대 선수들을 커다란 의미에서의 동료라고 생각하고 배려하며 정정당당히 실력을 겨루었기에 가능한 일이었다. 전쟁을 방불케 하는 치열하고 격렬한 경기를 치른 후에도 종료 휘슬이 울리면 언제 그랬냐는 듯 웃으며 악수와 포옹을 나누는 프로 선수들의 모습은 얼마나 아름다운가?

02
KARIS 다이어리

사회인 축구팀에 입단한 후 내게 일요일은 곧 축구(일요일=축구)가 되었다. 소속팀인 FC KARIS의 축구 경기가 있는 날이 매주 일요일이기 때문이다. 일요일에 있을 경기를 위해 주말 스케줄을 미리 조정해 두거나, 토요일 밤을 건강하게 보내는 것도 이제 일상이 되었다. 하지만 나와 우리 팀, 그리고 모든 사회인 축구팀의 축구 시계는 경기가 벌어지는 단 하루가 아닌 일주일 내내 움직인다. 사회인 축구팀 FC KARIS의 일주일을 들여다보자.

일요일, 매주 찾아오는 D-DAY
시합이 있는 날이다. 대부분의 경기 일정이 정오 이후에 잡히기 때문에 늦잠을 자더라도 요가나 식사를 할 여유가 있다. 적당히 늦잠을 자고 일어나 지난밤 벌어진 해외 축구 하이라이트를 보는 것으로 하루를 시작한다.

어차피 경기장에 도착하면 남자들만 있는 데다 금방 땀범벅이 될 것이기에 꽃단장을 하고 축구를 하러 오는 팀원들은 거의 없다. 나 또한 그들과 다르지 않다. 눈곱을 떼고 고양이 세수를 하는 것만으로도 외출 준비가 마무리된다. 아 참, 모자는 필수다.

최소 두 시간에서 많게는 네 시간 동안 경기를 치르고 나면 어느새 배꼽시계가 울린다. 팀원들과 함께 이른 저녁을 먹으며 그날 경기를 되돌아보고, 누가 더 못생겼는지 설전을 벌인다. 하지만 언제나 우열을 가릴 수 없다.

식사를 마치고 팀원들과 헤어져 집에 돌아오면 월요일의 공포가 엄습해오기 시작한다. 하지만 대부분의 일요일 저녁과 월요일 새벽에는 해외 축구 중계가 예정되어 있어 공포를 물리칠 수 있다. '야식으로 치킨과 피자 중 어떤 것을 선택할 것인가?'라는 난해한 질문을 던지는 것으로 메신저 채팅방에서 잘생긴 팀 동료들과 재회한다. 이미 월요병은 시작되었다.

월요일과 화요일, 눈에 불을 켜고

온몸이 두드려 맞은 듯 아프다. 잘 기억나지는 않지만, 악몽을 꾼 것도 같다. 젠장, 월요일이 시작되었다. 축구는 주로 다리와 발로 하는 운동이라 알고 있는데 월요일만 되면 등과 허리가 욱신거리는 것은 왜일까?

주말이 끝나고 평일이 시작되면 팀원 대부분은 '축구선수'에서 '사회인'으로 돌아가지만, 팀의 경기 섭외 담당은 정체성의 혼란을 느끼며 본격적으로 축구팀 업무를 시작한다. 월요일과 화요일에 경기 섭외를 하지 못하면 남은 일주일 동안 엄청난 스트레스를 각오해야 한다.

사회인 축구 커뮤니티에 올라온 게시물에서 시간, 지역, 수준 등이 우리 팀과의 경기에 적절한 팀을 찾아 문자 메시지를 보낸다. 틈틈이 시설관리공단의 일정도 확인한다. 접근성이 좋거나 시설이 잘 마련되어 있는 경기장을 예약하려면 대학교 수강신청에 필적하는 스피드가 필요하다. 아침부터 부지런히 움직인 결과 다행히도 이번 주 경기 섭외 완료!

화요일 저녁 지난주 경기 내용을 정리한 수기가 팀 카페에 업로드되었다. 축구에 대한 열띤 토론이 이어지는 가운데 '그렇다면 가장 못생긴 팀원은 과연 누구인가?'가 다시 한번 이슈가 되었다. 나는 절대 못생기지 않았으므로, 여유롭게 강 건너 불을 구경한다.

수요일 그리고 목요일, 유럽은 왜 축구를 새벽에 하나요?

수요일과 목요일은 주중에서 주말로 넘어가는 고비다. 더 내려갈 수 없을 것처럼 보였던 바이오리듬 그래프가 계속해서 바닥으로 향한다. 하지만 수요일과 목요일 새벽에는 챔피언스리그나 유로파리그 같은 유럽 축구대항전이 벌어지기도 한다.

시차로 인해 새벽에 중계하는 경기가 부담스럽기 짝이 없지만, 챔피언스리그를 하이라이트나 녹화 방송으로 본다는 것은 축구팬으로서 자존심에 금이 가는 일이라 생각하며 조용히 리모컨을 집는다. 챔피언스리그 테마송이 흘러나오기 시작하면 이 순간만큼은 마치 유럽에 와 있는 것 같은 착각이 들지만, 빛이 반사된 모니터 화면에는 혹시나 가족들이 잠에서 깰까 숨죽여 앉아 있는 내 모습이 보인다.

금요일과 토요일, 주말 시작! 스트레스 ZERO!

일요일에 경기를 치르는 우리 팀 특성상 대부분의 신나는 약속은 금요일과 토요일에 집중된다. 연인과의 데이트도, 직장 동료나 친구들과 함께하는 술자리도 모두 금요일과 토요일에 벌어진다.

주말을 맞아 TV에서도 본격적인 축구 중계가 시작된다. 토요일 낮에는 K리그 중계가, 늦저녁부터는 유럽 프로축구리그 경기가 중계된다. 열정과 근성이 넘치는 팀원들은 온종일 축구 경기를 보며 이미지 트레이닝을 하는 것으로 일요일 경기에 대한 의지를 불태우기도 한다. 나 또한 열정과 근성이 넘치는 감독이므로 프로들의 경기를 보며 우리 팀에 적용할 수 있는 전략과 전술이 있지 않을까 연구한다.

팀의 운영진은 다시 한번 경기 일정과 세부 사항을 팀원들에게 공지하고, 최종적으로 이번 주 경기에 참석하는 인원을 추린다. 참석하는 팀원이 정상적으로 경기를 진행할 수 있는 인원보다 적을 경우에는 토요일 밤은 물론 일요일 아침까지도 선수 섭외가 계속된다.

프로 축구선수들은 채 10시간도 되지 않는 훈련 스케줄과 경기 스케줄에 초점을 맞추어 일주일을 살아간다고 한다. 최고의 몸 상태와 컨디션을 유지하기 위해 식단 조절, 규칙적인 수면 습관 유지, 술과 탄산음료 같은 갖가지 유혹을 뿌리치는 것들이 여기에 포함된다.

프로처럼 혹독할 필요는 없겠지만, 아마추어 축구선수들 또한 일주일 내내 여러 가지 관리를 해야 한다. 조깅과 헬스 등으로 기초 체력을 다지면 더욱 훌륭한 몸 상태로 경기장에 나설 수 있다. 만약 꾸준한 관리가 힘들거나 어려운 상황이라면 경기 전날만이라도 무리를 삼가고 컨디션 관리에 집중해보자. 그라운드 위에서 더욱 가볍게 몸을 놀리는 자신의 모습을 볼 수 있을 것이다.

03
축구에 관심 없는 여자 친구 설득하기

사실 아마추어 축구인들이 겪는 가장 큰 역경은 부상이나 궂은 날씨가 아닌 여자 친구(혹은 아내)와의 관계에서 비롯된다. 그녀들의 반대로 경기에 나오지 못하는 경우도 많고, 그녀를 설득하다가 "축구야, 나야?"라는 무시무시한 질문 공격을 받는 일도 생겨난다. 지금부터 유부남 축구 동호회 회원 박지성(35세, 가상 인물) 씨의 일상을 들여다보자.

평소와 다를 것 없는 주말 오전, 지성 씨는 외출 준비로 분주하다. 발목까지 말아 올린 축구 스타킹, 과하다 싶을 정도로 덕지덕지 펴 바른 선크림 덕분에 허영게 뜬 얼굴, 몸통만 한 스포츠 백에 담긴 유니폼과 축구화까지. 누가 봐도 축구 덕후(+아재)의 모습이다. 일주일 동안 쌓인 피로 탓일까, 알람을 맞춰놨는데도 늦잠을 자 버렸다. 지각을 피하려면 서둘러야 한다. 급하게 끓여 설익은 라면에 밥까지 말아먹은 후에야 지성 씨는 아내를 찾았다.

한편 아내 민정 씨는 이 상황이 달갑지 않다. 주말만큼은 남편과 함께 근사한 장소에서 식사도 하고 차도 한잔 마시면서 여유롭게 시간을 보내고 싶은데, 도대체 그놈의 축구가 뭔지! 근교 데이트는 물론이고 1박 2일 여행은 꿈도 못 꾼다. '내가 꿈꾼 결혼 생활은 이게 아닌데.' 남편이 사랑해 마지않는 축구가 그녀의 꿈을 앗아가고 있다. 이래서는 그녀가 생각하는 행복한 주말을 만들 수 없다. 그녀는 남편이, 아니 축구가 너무나 밉다.

하지만 그녀의 행복한 주말을 망치는 원인이 정말 축구일까? 그게 아니라면 아내의 마음을 몰라주는 지성 씨의 잘못일까? 그렇다. 원인은 지성 씨에게 있다. 그는 사회인 축구를 핑계로 아내와 충분히 시간을 보내지 못했고, 그녀의 마음을 병들게 했다. 그로 인해 아내는 세상에서 가장 건전하고 건강한 취미인 축구를 미워하게 되었다.

그렇다면 지성 씨는 어떻게 해야 할까? 이들 부부의 행복한 결혼 생활과 취미 생활을 모두 지킬 방법은 없을까? 먼저 지성 씨는 충분한 설명을 통해 민정 씨가 축구에 품고 있는 오해를 풀어 주어야 한다. 그런 다음 축구의 매력을 하나둘 어필한다면 언젠가 그녀도 그의 진심을 알아주리라. 그 전에 평소 그녀의 이야기에 귀 기울이고 대화하려는 노력은 필수다. 그래야 그녀 역시 마음을 열고 지성 씨의 이야기에 귀 기울일 테니 말이다. 여기에서는 민정 씨에게 어필할 수 있는 축구의 매력을 알아보자.

사회인 축구는 저렴하다!

모든 취미 생활에는 금전적인 투자가 따른다. 취미 스포츠의 경우 종목별로 필요한 장비를 구매해야 하고, 매월 회비도 내야 하며, 운동이 끝난 후에는 식사를 하거나 그날의 회포를 풀면서 가볍게 술이라도 한잔하는 등 부대비용이 발생한다. 하지만 축구는 회비와 개인 장비 외에는 따로 지출할 것이 없다. 팀원이 많아 회식비도 분담할 수 있다. 게다가 다른 취미 스포츠보다 저렴한 용품과 장비까지! 천국에 스포츠가 있다면 그것은 바로 축구일 것이다.

안심하라, 사회인 축구에는 여자가 없다

사진 동호회나 와인 동호회 등 남녀 회원의 비율이 비슷한 모임에서는 취미 활동을 하면서 자연스럽게 남자 친구 혹은 여자 친구가 생기는 경우가 있다. 공통의 관심사로 모인 사람들이다 보니 취미 활동으로 만나는 사람들은 서로에게 호의적이기 때문이다. 그래서 와인 동호회 활동을 하는 남자 친구를 둔 여자들이 와인에 관심이 없더라도 동호회에 가입해서 남자 친구와 취미 활동을 함께하는 경우가 종종 있다. 여자 친구를 등산 동호회에 보낸 남자 친구의 입장과 비슷하다.

하지만 안심하시라. 사회인 축구 동호회에는 남자들만 잔뜩 있을 뿐 여성 회원을 찾아보기가 힘들다. 만약 여성이 있더라도 대부분이 다른 회원의 여자 친구(혹은 아내)이거나 자녀일 가능성이 높다. 신경 쓰이는 일이 한 가지 줄어드는 것이다.

내 남자를 더 건강하게!

축구선수들의 몸을 본 적이 있는가? 모델로도 활동하고 있는 데이비드 베컴과 크리스티아누 호날두의 몸을 떠올려 보라. 물론 축구를 한다고 해서 모두가 이들과 같은 몸이 되는 건 아니다. 하지만 축구가 그 어떤 운동보다 강인한 체력과 정신력을 길러주는 운동임은 틀림없다.

축구 경기는 다리와 발로 공을 다루며 오랜 시간 경기장을 뛰어다니는 스포츠이기 때문에 하체 근육과 폐가 튼튼해진다. 이뿐만 아니라 전체적인 체력도 좋아진다. 축구를 통해 엄청난 근육질이 되는 것은 아니지만, 비만을 예방하고 탄탄한 몸매를 만들 수 있다는 점은 분명 매력적이다.

축구는 가깝다!

한국에서 축구는 가장 대중적인 스포츠다. 지역구에서 관리하는 운동장과 학교 운동장을 포함해 서울에만 축구를 즐길 수 있는 수백 수천 개의 경기장이 있다. 대부분 같은 지역 거주민을 중심으로 구성되는 사회인 축구팀의 경우 원정 경기를 가는 경우를 제외하고는 가급적 팀원들의 거주지 근처에서 경기를 한다. 그렇기 때문에 경기를 하러 가는 시간과 돌아오는 시간, 즉 이동 시간이 짧다. 때에 따라 반나절 이상이 걸리기도 하지만 대부분의 경기 일정이 이동 시간을 포함해 4시간 내외에서 마무리된다. 그렇기 때문에 경기가 끝난 후에도 외식을 하거나 데이트를 하는 등 충분히 가족 혹은 연인과 주말을 즐길 수 있다.

가족과 함께할 수 있다

개인적으로 사회인 축구를 훌륭한 취미 생활이라고 생각하는 이유는 가족과 함께할 수 있기 때문이다. 사회인 축구팀에는 가입하지 않은 사람은 올 수 없다거나 어떤 특정 조건을 갖추어야 모임에 올 수 있다는 등의 규제가 없다. 누구나 자유롭게 가족과 친지를 데려올 수 있다. 가족들의 응원을 받으며 축구를 할 수도 있고, 가족이나 친척을 팀으로 데려와 함께 뛸 수도 있다. 사회인 축구팀 자체가 또 하나의 가족이 되는 경우도 흔하다.

지금까지 내가 속한 팀에서는 사회인 축구를 통해 결혼에 골인한 경우는 있어도, 축구팀 활동으로 가정에 불화가 생기거나, 여자 친구와 헤어진 경우는 단 한 번도 없었다. 우리 팀원들의 가족이나 주변인들이 특별히 관대해서가 아니다. 아주 기본적인 것들을 지켰을 뿐이다.

사회인 축구선수라면 여자 친구(혹은 아내)에게 사회인 축구의 장점과 강점을 충분히 설명하고, 사회인 축구팀에 가입해 활동하고 싶은 마음을 이해시켜야 할 의무가 있다. 취미보다 더 중요한 것은 소중한 사람들과 관계를 맺고 유지하는 것이기 때문이다.

　만약 이와 같은 장점들을 충분히 브리핑했음에도 반대가 심하다면 그녀를 경기장으로 모셔 보자. 당신이 멋지게 뛰는 모습을 두 눈으로 직접 보고 그 열기를 실제로 경험한 뒤에는 사회인 축구의 매력에 흠뻑 빠져 오히려 취미 생활을 전폭적으로 지원해 줄지도 모른다. 아, 물론 너무 덥거나 추운 날은 피하고.

04
이감독이 추천하는 축구 책과 사이트

    축구는 달리기와 몸싸움의 합으로 완성되는 아주 역동적인 스포츠이지만 정적이고 차분한 활자를 통해서도 즐길 수 있다. 실제로 많은 축구팬이 뉴스 기사와 블로그, 축구 도서 등의 읽을거리에서 공을 차고 경기를 보는 것과 유사한 재미를 느낀다. 특히 축구를 주제로 집필한 도서는 축구팬들에게 고급 정보를 제공하고 수집욕을 자극하는 상품으로, 축구 콘텐츠를 바탕으로 운영되는 블로그는 누구나 자신만의 생각을 공유할 수 있는 채널로 기능하고 있다. 이 책 또한 사회인 축구를 테마로 운영하는 내 브런치와 블로그의 콘텐츠를 바탕으로 쓰였다. 집필 과정에서 많은 영감을 받았던 축구 관련 블로그와 도서들을 공유한다.

함께하면 축구가 더 즐겁다, 조감독 블로그
    축구지도자 조세민의 블로그. 운영자인 조세민은 FC 바르셀로나 한국 축구학교 총괄 지도자(2014~2015)를 지냈고 2017년 4월 현재 서울 이랜드 FC U-12팀의 감독을 맡아 인재 육성에 힘쓰고 있다. 그의 블로그에서는 스페인의 선진 축구인재 육성 시스템과 조세민 본인의 육성 철학, 그리고 다양한 축구 정보와 교육 자료를 만날 수 있다. 조세민은 페이스북 페이지 '축구감독을 꿈꾸는 사람들의 모임 - 축사모'의 운영자이기도 하다.

    서울 이랜드FC U-12 성장기 블로그
    http://blog.naver.com/imchosemin

야신인배의 대한민국 NO.1 골키퍼 블로그

대한민국 NO. 1 골키퍼 블로그는 이름처럼 국내 최고의 골키퍼 블로그로 꼽힌다. 블로그 운영자인 야신인배(김인배)는 골키퍼 용품 리뷰와 관련 강의를 포함해 '축구 골키퍼의 모든 것'을 다룬다. 그는 서울 지역구 풋살 대표팀 골키퍼와 청소년 스포츠클럽 플레잉코치 등 믿을 수 있는 커리어와 경험에서 우러나는 솔직하고 정직한 내용으로 방문자의 신뢰를 얻고 있다. 심혈을 기울인 블로그 콘텐츠에서 골키퍼 포지션에 대한 놀라운 자부심과 전문성을 확인할 수 있다.

야신인배 블로그
http://inbae4292.blog.me

amateurfootball.co.kr

언젠가 축구왕이 될 남자, 이감독(이종인)이 운영하는 사회인 축구 블로그다. 사회인 축구 칼럼, 사회인 축구 경기장 도감, 스카우팅 리포트 등 사회인 축구와 관련된 정보뿐 아니라 오늘의 축구 가십이나 축구 관련 이벤트 등 축구계 소식을 만날 수 있다. 블로그를 포함하여 여러 채널에 올린 콘텐츠를 취합해 국내 최초로 '사회인 축구'를 테마로 한 도서 『축구하자!』를 출판했다.

이감독의 블로그
amateurfootball.co.kr

『제라드 누스의 축구 워밍업』

제라드 누스 카사노바 저 | 엄성수 역 | 황보관 감수 | 김현희 콘텐츠 디벨로프먼트 | 한스미디어, 2014

    리버풀에서 라파엘 베니테즈 감독과 일하고, K리그 클럽 전남 드래곤즈를 거쳐 2017년 현재 가나 축구 국가대표팀 코치로 활약하고 있는 제라드 누스 카사노바가 실전 경기력에 지대한 영향을 미치는 20가지 축구 워밍업 훈련에 대해 집필한 책이다. 훈련을 위한 워밍업, 실전 경기를 위한 워밍업 등 상황에 맞는 워밍업 훈련 방법을 상세히 소개하고 있으며, 프로와 아마추어 모두가 실전에서 활용할 수 있도록 그림과 스케줄 테이블을 함께 수록하였다. 개인적으로 사회인 축구팀의 감독이 된 후 워밍업의 필요성을 느껴 찾아보고 구입한 책으로, 다른 무엇보다 워밍업의 중요성과 그 엄청난 효과에 대해 깨닫게 해 준 고마운 책이다.

『한 권으로 끝내는 축구 전술 70』

니시베 겐지·기타 겐이치로 공저 | 김정환 역 | 한준희 감수 | 한스미디어, 2012

이 책의 저자인 니시베 겐지와 기타 겐이치로는 축구와 관련된 활자 콘텐츠를 끊임없이 생산해내는 일본인 저널리스트다. 드리블을 하며 다가오는 상대를 저지하는 법, 테크닉이 좋은 선수를 수비하는 법, 롱볼을 차지하는 비결, 반격할 때 플레이의 우선순위 등 실전에서 마주할 만한 구체적인 상황을 제시하고 이에 가장 적확한 매뉴얼을 그림과 함께 제시한다.

어렵고 딱딱하게 느낄 수 있는 축구 전술을 쉽고 가볍게 풀어내어 이제 막 축구에 입문한 초보자부터 축구 전문가에 이르기까지 모두가 재미있게 읽고 실전에서 활용할 수 있도록 쓰였다. 특히 개인 전술에 대한 부분은 실력을 더 기르고 싶은 아마추어 축구인들에게 큰 도움이 될 것이다.

『유럽 축구 명장의 전술』

시미즈 히데토 저 | 오승민 역 | 한준희 감수 | 라의눈, 2017

비센테 델 보스케, 주제 무리뉴, 라파엘 베니테스, 카를로 안첼로티, 알렉스 퍼거슨 등 유럽 축구계를 호령하는 명감독 40인의 철학과 색채를 읽을 수 있는 책이다. 감독들의 짤막한 바이오그래피와 함께 클럽과 대표팀을 지휘하며 선보였던 가장 인상적인 전형과 전술에 관해 설명하는 부분이 재미 포인트.

저마다 대체 불가능한 고유의 커리어를 만드는 40인 감독들의 컨셉과 철학을 만날 수 있다. 사회인 축구팀의 감독인 나는 어떤 철학으로 팀을 운영하고, 어떤 컨셉으로 경기에 임하고 있는지 돌아보게 만들어준 책이다.

『누구보다 축구전문가가 되고 싶다』

시미즈 히데토 저 | 홍재민 역 | 브레인스토어, 2014

『한 권으로 끝내는 축구 전술 70』이 축구 초보자부터 전문가까지 아우르는 책이라면, 이 책은 수준 높은 아마추어, 혹은 전문가가 되고 싶은 이들에게 초점을 맞추어 전문적인 축구 지식을 제공한다. 시미즈 히데토는 축구 전문 저술가로 『유럽 축구 명장의 전술』의 저자이기도 하다.

읽는 이에 따라 조금 어렵게 느낄 수도 있지만, 축구라는 스포츠가 그리 단순하지 않다는 것을 감안할 때 분명 읽을 가치가 있는 책이다. 축구를 하는 사람은 물론이고, 경기를 보는 것에서 재미를 느끼는 사람에게도 더 넓은 시야를 갖게 해 줄 것이다.

『무리뉴, 그 남자의 기술』

한준 저 | 브레인스토어, 2013

    독설가로 잘 알려져 있지만 자신의 팀과 선수들에 대해서는 무한한 따뜻함을 가지고 있는 주제 무리뉴의 리더십을 다룬 책으로, 사회인 축구팀 감독을 맡아 팀을 운영했던 초기 『무리뉴, 그 남자의 기술』은 나에게 성경이나 다름없었다. 저자인 한준은 무리뉴가 '지구상에 현존하는 단 하나의 특별한 리더'라 말한다. 그리고 나는 어떤 부분에서만큼은 무리뉴를 신이라 생각한다. 축구와 무리뉴를 좋아하는 팬뿐 아니라 다양한 공동체를 이끌고 목표를 달성하길 꿈꾸는 모든 이에게 추천한다.

『맨발의 기적』

김신환 저 | 미래를소유한사람들(MSD미디어), 2010

　'동티모르의 히딩크'라 불리는 김신환 감독의 감동 실화. 2010년 영화 〈맨발의 꿈〉으로도 제작되었다. 김신환 감독은 한양공고 등 축구 명문학교를 차례로 졸업하고 해군, 현대자동차 등 실업팀에서도 활약했지만 이후 사업 실패 등 여러 좌절을 겪은 뒤 도망치듯 동티모르에 정착한다. 삶이 다 끝났다고 생각하며 무기력한 하루하루를 보내고 있을 때, 그의 눈앞에 다 떨어진 축구공을 맨발로 차며 노는 동티모르 아이들이 보였다. 그리고 그는 잊고 있던 축구에 대한 열정이 되살아나는 것을 느꼈다. 축구 불모지나 다름없던 동티모르 유소년 축구대표팀을 이끌고 아시아 32개국이 참가하는 리베리노컵 우승이라는 쾌거를 이룬 김신환 감독의 이야기는 좌절하고 있는 많은 사람에게 다시 일어나 달릴 수 있는 동력을 선사한다. 내게는 열정이 만드는 기적의 힘을 더욱 믿게 해 준 책이다.

05
반드시 알아야 할
아마추어 축구 커뮤니티와 서비스

취미 생활과 자아실현의 수단으로 아마추어 스포츠에 대한 관심이 높아지면서 온라인 커뮤니티와 서비스의 숫자도 늘고 있다. 우후죽순 생겨나는 축구 관련 커뮤니티와 서비스 중에서 대한민국의 아마추어 축구인이라면 반드시 알아야 할 대표 온라인 커뮤니티와 서비스를 소개한다.

대한민국 FC (전국 축구 클럽 총모임)

지난 2006년에 포털사이트 다음에 개설된 온라인 카페로 전국의 수많은 사회인 축구팀이 경기장과 상대 팀을 섭외하고 회원을 모집하는 공간이다. 가장 오래된 아마추어 축구 커뮤니티답게 회원 규모(약 54,000명)부터 다른 커뮤니티를 압도한다. 실시간으로 상대 팀을 구하거나 경기장을 양도하려는 게시물이 올라오고, 바로바로 모집이나 섭외에 대한 게시물이 만료되는 인기 카페다. 축구와 관련된 카테고리 외에도 의학, 법률 등 여러 가지 정보를 얻을 수 있다. 가장 큰 장점은 광고 및 기타 배너가 없어 카페 이용이 쾌적하다는 것. 축구를 사랑하는 사람들의 진심 어린 소통과 구애를 만날 수 있는 곳이다.

대한민국 FC (전국 축구 클럽 총모임)
http://cafe.daum.net/soxxer

네이버 축구사랑 클럽모임

포털사이트 네이버의 대표 사회인 축구 카페로 2012년 개설되어 약 15,000명의 회원을 보유하고 있다. 이 카페의 특징은 '축구 배우기'라는 카테고리에 있는데, 운영진은 이곳에 올라온 영상이나 글, 사진을 통해 사회인 축구인들이 본인에게 부족한 부분을 공부하고 실력을 기를 수 있도록 돕는다. 매일 구장 및 상대, 신규 회원 섭외에 관한 게시물이 업로드되며 업체들과 제휴하여 배너 광고 및 공동구매를 진행하기도 한다.

네이버 축구사랑 클럽모임
http://cafe.naver.com/sbhanwoori

레사모

레플리카를 사랑하는 사람들의 모임 '레사모'는 이름에서 알 수 있듯이 축구 유니폼과 용품을 전문적으로 다루는 커뮤니티다. 업로드되는 게시물들과 회원들이 보유하고 있는 의류, 장비들의 면모는 국내 최고의 중고 거래 사이트인 '중고나라' 못지않은 수준. 국내 대부분의 중고 축구 유니폼 거래가 레사모를 통해 이루어지며, 축구 커뮤니티답게 칼럼, 사진, 영상을 다루는 카테고리에도 다양하고 수준 높은 게시물들이 수시로 업로드된다.

레사모
http://cafe.naver.com/re4mo

고고고알레알레알레

　사회인 축구선수들의 경기를 하이라이트 영상으로 만들어주는 유료 서비스다. 드론과 같은 고급 장비로 촬영한 영상을 위트 있게 편집한다. 이들이 만든 영상에 등장한 '동대문 호날두', '신림 메시' 등은 이미 온라인 축구 커뮤니티와 각종 SNS에서 스타덤에 올랐다. 고고고알레알레알레의 하이라이트 영상 서비스를 이용하려면 소정의 비용이 발생하지만, 평생토록 남게 될 자신만의 하이라이트 영상을 만들 수 있다는 것을 감안하면 아깝지 않은 수준. 페이스북 페이지 '고고고알레알레알레'를 비롯한 여러 채널을 통해 고고고알레알레알레가 촬영하고 편집한 영상들을 감상할 수 있다.

　고고고알레알레알레
　https://www.facebook.com/team.goale

My Play Cam_마이플레이캠

　고고고알레알레알레와 마찬가지로 아마추어 축구팀과 선수들의 플레이 영상을 찍고 그것을 하이라이트로 만들어 주는 서비스다. 라이벌이자 동료인 고고고알레알레알레와 다른 컨셉으로 영상을 촬영하고 제작하며, 서울 소재 대학 중 학내 리그가 가장 활성화되어 있는 국민대학교에서 시작되어 대학축구 관련 콘텐츠에도 강점을 보인다.

　My Play Cam_마이플레이캠
　https://www.facebook.com/myplaycam

오렌지군의 행복을 찾아서

프리랜서 여행가이드 오렌지군의 블로그. 축구 여행을 고민하거나 준비해 본 축구팬이라면 반드시 한 번은 오렌지군의 블로그를 들어가 봤다고 해도 과언이 아닐 정도로 방대한 양의 국내외 축구 여행 자료가 정리되어 있다. 이를 바탕으로 『유럽축구 여행 완벽 가이드북』이라는 책도 발간했다. 나 또한 포르투갈 축구 여행에 앞서 수차례 오렌지군의 블로그를 탐독했다. 축구뿐 아니라 다양한 여행 정보를 다루고 있어 콘텐츠 하나하나를 읽는 재미가 쏠쏠하다.

오렌지군의 행복을 찾아서
http://dickprod.blog.me

모두의 축구

모두의 축구는 아마추어 축구/풋살팀을 위한 팀 매칭 및 선수 모집 애플리케이션이다. 구글 플레이스토어에서만 다운로드할 수 있으며 선수가 필요한 팀과 팀이 필요한 선수에게 모두 도움이 되는 서비스다. 2017년 3월 기준 1,000여 개의 팀이 가입되어 있다.

구글 플레이스토어에서 '모두의 축구' 검색

FOOTPLR_풋플러

풋플러는 축구팀의 선수단, 일정, 기록을 관리할 수 있는 웹서비스 'FOOTPLR MANAGER'와 작전판 어플리케이션 'LINEUP 11'을 개발한 스타트업이다. 특히 풋플러 매니저는 단순히 선수단을 관리하는 것을 넘어 경기장에 따른 경기 결과와 경기 시간대별 경기 결과, 선제골을 넣거나 실점했을 때의 경기 결과 등 다양한 통계 서비스를 제공하고 있어 매력적이다. 라인업 일레븐은 경기상에서, 풋플러 매니저는 경기 후에 사용하는 게 좋다. 전국 20,000개 이상의 축구팀이 풋플러 매니저를 사용하고 있으며, FOOTPLR CUP 메뉴를 이용해 다양한 방식의 대회와 리그를 만드는 것도 가능하다. 포포투 전국대학동아리 축구대회, 카이스트 총장배 축구대회 등이 풋플러 컵으로 치러졌다.

지난 2015년 1월 우리 팀(FC KARIS)과 풋플러 축구팀이 경기를 한 적이 있다. 당시 기억을 되살려보면 풋플러 축구팀은 섹시한 서비스만큼이나 실력과 매너가 모두 좋았던 팀으로 기억하고 있다. 해당 경기의 결과와 기록은 풋플러팀의 매니저 페이지에서 확인할 수 있다.

풋플러
http://footplr.com

SHOOTING LIKE ME_슈팅 라이크 미

슈팅 라이크 미는 아마추어 프리킥 최강자를 가리는 서바이벌 오디션이다. 스포츠 마케팅 스타트업인 브라더(BRAUTHER)에서 기획 운영하며, 현재까지 3개의 시즌을 성공적으로 치러냈다. 지난 2016년 9월에는 '제7회 K리그컵 여자대학클럽 축구대회'에 슈팅 라이크 미가 이벤트 코너로 선정되기도 했다. 다음 시즌에는 또 어떤 재야의 프리킥 고수가 등장해 온라인을 뜨겁게 달굴까? 벌써 기대된다.

유튜브에서 'SHOOTING LIKE ME' 검색

I AM GROUND_아이 앰 그라운드

아이 앰 그라운드는 전국 300여 개 축구장과 풋살장의 정보를 제공하는 웹서비스다. 아이 앰 그라운드 웹에서 경기장을 예약하는 것도 가능하며, 경기장의 다양한 정보 및 지도를 통한 상세 위치 또한 확인할 수 있다. 현재는 서울/경기 지역을 중심으로 경기장 데이터베이스가 구축되어 있다. 선수단 관리, 기록 관리, 리그 관리 등의 서비스도 함께 제공한다.

아이 앰 그라운드
https://www.iamground.kr

오늘의 K리그, 오늘의 해외축구

스마트폰 애플리케이션 오늘의 K리그와 오늘의 해외축구는 축구팬들의 가슴을 뛰게 하는 국내외 축구 경기 일정과 스코어를 실시간으로 볼 수 있는 서비스다. 내가 응원하는 팀과 관심 경기를 설정해 놓으면 경기가 시작되기 30분 전에 알림을 받을 수도 있다. 개발사인 YAM STUDIO는 페이스북, 카카오스토리, 브런치 등 다양한 채널에 자신들의 콘텐츠를 업로드하며 사용자들을 불러 모으고 있다. 얼핏 간단한 플랫폼처럼 보일 수 있지만 다양한 노력을 하고 있는 곳이다.

애플 앱스토어, 구글 플레이스토어에서 '오늘의 K리그', '오늘의 해외축구' 검색

5. 인저리 타임

06
사회인 축구 섭외의 모든 것

    사회인 축구팀에서 섭외 담당 운영진으로 딱 한 시즌만 일하고 나면 섭외의 달인으로 거듭날 수 있다. 가끔은 다른 팀 운영진과 우리 팀 선수들에게 온갖 아쉬운 소리를 하며 시합 성사를 위해 애쓰는 자신이 안쓰러울 때도 있지만, 나와 팀원들이 좋아하는 축구를 위해 꼭 필요한 일이라 생각하면 섭외를 위한 수고와 노력은 아주 중요하고 가치 있는 일로 여겨진다. 여기서는 섭외 담당 운영진이 하는 일을 살펴보자. 사회인 축구에서 섭외해야 하는 것들은 크게 경기장, 상대 팀, 우리 팀 선수들, 이렇게 세 가지로 나뉜다.

선수가 서른이어도 뛸 경기장이 있어야
    가장 기본이 되는 것은 경기장 섭외다. 만약 팀이 홈 경기장을 보유하고 있으면 운영진의 어깨는 훨씬 가벼워진다. 입맛에 맞는 상대 팀을 골라 초청할 수 있으며, 정해진 시간과 장소에 킥오프가 되기 때문에 매주 팀원들에게 경기 장소와 시간을 공지하지 않아도 출석 관리가 된다. 홈그라운드의 이점(익숙한 환경)을 충분히 누리며 경기를 치를 수 있고, 필요에 따라 상대와의 시합이 아닌 자체 훈련도 진행할 수 있다. 이렇듯 사회인 축구에서는 경기장으로 상대 팀을 초청하는 쪽이 흔히 말하는 갑(甲)이 되기 때문에 홈 경기장이 있는 운영진들은 심리적으로 편안한 상태에서 팀을 운영할 수 있다.

    반면 홈 경기장이 없는 팀의 섭외 담당 운영진은 이루 말할 수 없는 수고로움을 겪어야 한다. 월요병을 한탄할 새도 없이 온라인 축구 커뮤니티에 수

시로 접속해 경기 초청 게시물을 확인해야 하고, 적당한 경기를 찾았다고 하더라도 예약을 확정할 때까지 신경을 곤두세워야 한다. 시합을 목전에 두고 경기가 취소되거나 일정이 변경되는 최악의 상황이 발생하면 팀원들에게 일일이 연락을 돌려 변경된 내용을 알려야 한다. 혹여 팀원들이 연락을 받지 않을 때는 속이 새까맣게 타들어 간다. 이렇듯 경기장 섭외는 육체적, 정신적으로 힘든 부분이 많다. 그래서 대부분의 사회인 축구팀은 섭외를 담당하는 운영진을 따로 두어 일정을 관리한다.

그렇다면 홈 경기장은 어떻게 섭외하는 것일까? 가장 확실한 방법은 공식적인 경로로 장기 계약을 맺는 것이다. 구장에 따라 시기는 다양하지만, 통상 매년 11월부터 이듬해 2~3월까지가 학교 및 공립 체육시설의 장기 계약이 갱신되고 새로운 추첨을 통해 사용자가 바뀌는 기간이다. 팀이 주로 활동하는 지역 인근의 학교와 체육시설에 문의하면 더욱 자세한 일정을 알 수 있다.

하지만 미리 알아본다고 해서 반드시 홈 경기장 장기 계약을 맺을 수 있는 건 아니다. 어떤 경기장은 선착순으로 팀을 배정하지만, 또 어느 경기장은 접수 순서와 상관없이 추첨을 통해 경기 시간과 팀을 배정하기 때문이다. 대부분의 공립 시설은 해당 지역 거주민이 많은 팀을 우대하는데, 이 경우 특정 지역구의 거주민을 일정 수 이상 보유해야 대관신청서를 작성할 수 있다. 이 점을 참고해 로컬 위주로 팀원들을 모집하는 것도 방법이다. 이 외에 팀원들의 인맥을 활용하거나 팀원들의 모교 운동장을 섭외하는 방법도 있다.

많은 사회인 축구팀이 장기적으로 사용할 수 있는 홈 경기장을 섭외하기 위해 혈안이 되어 있다. 팀 운영도 훨씬 수월해지고, 금전적으로도 이점이 있기 때문이다. 이렇듯 치열한 경쟁을 이기고 원하는 경기장을 섭외하려면 다방면으로 알아보고 가용자원을 최대한 활용해야 한다. 일단 한번 장기 계약을 맺으면 계약 연장과 갱신은 훨씬 더 수월해지니 경기장 섭외를 일부 운영진의 일이라 생각하지 말고 모든 팀원이 적극적으로 나서서 알아보도록 하자.

최고의 라이벌을 고르는 노하우

온라인 커뮤니티에서 상대 팀을 섭외할 때는 여러 가지 정보를 주의 깊게 살피고 문의해야 한다. 가장 먼저 살펴야 할 정보는 상대 팀의 유니폼 색상이 무엇인지, 그리고 팀 조끼를 보유하고 있는지다. 유니폼 색상과 조끼를 미리 확인하지 않으면 같은 색상과 디자인의 유니폼을 입은 스무 명이 한 경기장에서 뛰는 불상사가 벌어질 수도 있다.

두 번째는 상대 팀의 실력이다. 대부분의 아마추어 축구팀은 실력이 비슷하지만, 만약 두 팀의 격차가 조금이라도 벌어지면 경기가 아주 맥없이 흘러갈 수 있다. 우리 팀보다 월등한 실력의 상대 팀을 만나 경기 내내 공 몇 번 만져보지도 못하고 끌려다니는 모습은 상상도 하기 싫다. 하지만 우리 팀보다 실력이 떨어지는 팀을 섭외하는 것 또한 실수다. 경기는 쉽게 이길지 몰라도 아무런 희열이나 보람을 느낄 수 없기 때문이다. 연속된 패배로 팀의 분위기가 좋지 않거나, 매물이 없어 부득이하게 실력이 부족한 팀을 섭외하는 등 특별한 경우가 아니라면 우리 팀과 실력이 비슷하거나 우리 팀보다 조금 더 나은 팀을 섭외하는 것이 좋다.

세 번째는 상대 팀의 평판을 확인하는 것이다. 상대 평판은 온라인 축구 커뮤니티나 포털 사이트 검색으로 알 수 있는데, 이를 통해 상대가 매너를 갖춘 팀인지 없는 팀인지 일 수 있고, 운이 좋다면 상대 팀에 대한 정보까지 얻을 수도 있다. 사회인 축구에서는 매너 게임과 페어플레이가 기본기다. 그래서 그라운드에서 좋지 못한 모습을 보인 팀은 온라인 커뮤니티에서도 평판이 나쁠 가능성이 높다. 상대를 다치게 하거나, 욕설을 일삼는 클럽과 선수들은 사회인 축구에서 영원히 퇴출당해야 마땅하다. 이 책을 읽는 여러분도 혹시나 매너가 나쁜 팀을 만났다면 상대 팀의 이름을 온라인 커뮤니티에 제보해 주길 바란다.

한국 사람들이 저버리지 못하는 한 가지

경기 시작 하루 혹은 이틀 전에 미리 참석 인원을 확인하다 보면 종종 한두 명이 부족해 경기를 취소해야 하는 상황이 발생한다. 이럴 경우 아쉽더라도 깨끗이 미련을 버리고 경기를 취소하는 것이 상대 팀과 우리 팀에 대한 매너다. 하지만 타이밍이 늦어 경기를 취소할 경우 상대 팀에 피해가 가는 상황이 되었다면 어떻게든 선수를 섭외하여 경기를 진행해야 한다. 그렇다고 해서 아무나 데려다가 경기를 뛰게 할 수는 없는 법. 여기에서는 이번 주 경기에 불참하려는 선수의 마음을 돌리거나, 선수들의 지인을 동원하고, 용병을 데려오는 등 구멍 난 스쿼드를 채우는 방법을 알아보자.

이런 상황에서 내가 가장 많이 활용하는 것은 한국인 특유의 '정情'이다. 우선 "당신이 없으면 안 돼요.", "박지성과 이영표처럼 당신과 호흡을 맞추고 싶어요.", "이번 주 경기장 환경이 정말 좋아요.", "팀에 대한 애정과 책임감이 그것밖에 되지 않나요?"와 같은 말들로 복잡 미묘한 정이라는 감정에 호소해 불참을 선언한 팀원의 참여를 유도한다.

팀원들만으로는 도저히 참여 인원이 채워지지 않을 때는 팀원들의 지인이나 용병 섭외를 시도해야 한다. 먼저 팀원들에게 현재 상황을 알리고 지인중 축구 활동을 하고 있거나 경기할 수 있는 사람이 있는지 확인한다. 적당한사람이 있으면 그 팀원을 통해 지인을 섭외하고, 섭외 가능한 지인이 없으면축구 커뮤니티나 교류하는 팀 중 섭외 가능한 용병이 있는지 묻는 것이 그다음 단계다. 용병으로 왔다가 완전히 팀에 합류하는 경우도 있으니 용병에게최대한 친절을 베푸는 것은 필수다.

축구는 팀 스포츠다. 그래서 되도록 팀에 적응하기 쉬운 지인을 섭외하는것이 좋다. 그래서 팀원 섭외를 해야 하는 상황이 발생했을 때 대처 순서는불참석 회원 설득 → 팀원들의 지인 섭외 → 용병 섭외 순이다.

아직 끝나지 않은 이야기

한창 프로 축구선수를 꿈꾸고 있을 나이에 팀으로부터 방출 통보를 받게 된다면 기분이 어떨까? 여기 각각 열다섯과 열여섯이라는 어린 나이에 짐작조차 할 수 없는 참담함과 좌절감을 경험한 두 남자가 있다.

찰리 오스틴과 제이미 바디의 인생역전 스토리

오스틴 파워, 찰리 오스틴

1989년 잉글랜드 버크셔의 헝거포드에서 태어난 찰리 오스틴은 레딩 FC의 축구 아카데미에서 어린 시절을 보냈으나 2005년 무릎 부상을 이유로 팀에서 방출당했다. 프로 축구선수를 꿈꾸던 15세 소년에게는 너무나 가혹한 일이었다. 하지만 오스틴은 포기하지 않고 아마추어 레벨인 잉글랜드 13부 리그의 킨트버리 레인저스와 헝거포드 타운에서 다시 축구를 시작했다. 얼마 지나지 않아 오스틴 가족은 생계를 위해 잉글랜드 남서부의 본머스로 이사를 해야 했고, 오스틴 또한 가계에 힘을 보태기 위해 벽돌공으로 일하며 돈을 벌었다. 벽돌을 나르는 일은 축구를 겸하기에 너무나 힘들고 위험한 일이었다.

하지만 그는 좌절하지 않았다. 축구화 끈을 다시 동여매고, 수소문 끝에 당시 잉글랜드 남서부 지역 리그인 웨섹스 리그의 '풀 타운'에 지원했다.

그리고 풀 타운 소속으로 08/09시즌 46경기 46골이라는 엄청난 활약을 펼쳤다. 이 당시 우연히 오스틴의 경기를 보게 된 남자가 있으니 3부 리그 스윈든 타운의 수석 스카우터 켄 라이더였다.

"오스틴은 제가 보러 간 첫 경기에서 4골을 넣더니, 다음 경기에서는 3골, 그다음 경기에서도 3골을 넣었습니다. 저는 더 이상 참을 수 없었고 오스틴에게 '스윈든 타운의 입단 테스트에 당신을 초대하고 싶다'라고 이야기했습니다."

오스틴은 스윈든 타운에서의 트라이얼 첫 경기였던 스완지 시티 2군과의 경기에서 해트트릭을 기록했고, 얼마 지나지 않아 스윈든 타운과 정식 계약을 맺었다. 스윈든 계약 후에는 더욱 눈부신 활약을 펼쳤는데, 팀을 잉글랜드 챔피언십(2부 리그) 승격 플레이오프에 올려놓는가하면 시즌 20골에 가까운 득점을 기록하기도 했다.

스윈든에서의 맹활약이 이어지자 2011년 1월 챔피언십의 번리 FC로부터 러브콜이 날아왔다. 번리는 오스틴에게 3년 6개월의 장기 계약을 제안했고, 오스틴은 11/12시즌 41경기 16골, 12/13시즌 37경기 25골의 맹활약으로 팀의 믿음에 보답했다.

2013년 8월에는 프리미어리그 승격을 노리는 퀸즈 파크 레인저스와 3년 계약을 맺었다. 오스틴은 이번에도 팀의 기대에 정확히 부응하며 13/14시즌 치른 31경기에서 17골을 넣었고, 퀸즈 파크 레인저스는 오스틴의 활약에 힘입어 1부 리그 승격이라는 영예를 안았다.

그의 오랜 꿈이었던 프리미어리그에서의 첫 시즌. 소속팀 퀸즈 파크 레인저스는 시즌 내내 강등권을 전전하다가 결국 강등되고 말았다. 그러나 오스틴만큼은 팀 성적과 상관없이 밝게 빛났다. 프리미어리그 득점랭킹 4위(18골)에 올랐고, 맨체스터 유나이티드, 리버풀 등 프리미어리그의 빅 클럽들이 오스틴의 영입을 원한다는 보도도 이어졌다. 오스틴의 위상과 가치는 분명히 달라져 있었다. 그렇게 꿈만 같았던 한 시즌이 끝나고, 오스틴과 퀸즈 파크 레인저스는 다시 2부 리그에서 시즌을 시작해야 했다.

다시 돌아온 챔피언십에서도 오스틴의 활약은 여전했다. 하지만 팬들의 관심은 예전 같지 않았다. 바로 그때 오스틴에게 손을 내민 것이 현재 소속팀인 사우샘프턴이었다. 오스틴은 2016년 1월 겨울 이적 시장을 통해 사우샘프턴 유니폼을 입게 되었고, 프리미어리그 복귀전이었던 맨체스터 유나이티드 전에서 헤딩 결승골을 작렬시키며 화려하게 복귀했다.

스피드 스타, 제이미 바디

1987년 잉글랜드 셰필드에서 태어난 제이미 바디는 로컬 클럽인 셰필드 웬즈데이의 유스 선수였으나, '몸집이 작다'는 이유로 16세 때 팀과 재계약을 하지 못하고 방출되었다. 그러나 축구를 그만둘 수는 없었기에 또 다른 지역 클럽인 스톡스브리지 파크 스틸즈에 입단하여 커리어를 이어갔고, 그곳에서 성인 무대에 데뷔했다.

하지만 생계라는 장벽이 그를 가로막았다. 당시 스톡스브리지에서 축구를 하며 받은 주급은 한화로 약 5만 원. 바디는 평일에는 공장에서 일을 하고, 주말에는 축구를 하면서 삶을 이어나가야 했다.

그라운드에서 바디의 활약은 나쁘지 않았다. 2010년 스톡스브리지와 같은 리그의 핼리팩스 타운으로 이적했고, 이 당시 받은 이적료(15,000파운드) 덕분에 공장 일을 관두고 축구에 전념할 수 있었다. 핼리팩스에서 시작한 10/11시즌에 바디는 37경기에서 27골을 넣으며 팀 내 최다 득점자이자 핼리팩스 선수들이 뽑은 올해의 선수에도 이름을 올렸다. 바디의 맹활약에 힘입어 소속팀인 핼리팩스도 승격의 영광을 맛보았다.

바디는 11/12시즌이 시작된 지 얼마 지나지 않아 당시 5부 리그 소속이었던 플릿우드 타운으로 이적했다.

이곳에서도 바디의 폭발적인 득점력은 계속되었는데, 이적 후 치른 37경기에서 31골을 몰아넣으며 플릿우드의 리그 우승을 이끌었다. 이번에는 시즌 최고의 선수상을 받았다.

2012년 5월 제이미 바디는 논 리그(잉글랜드 5부 이하의 리그를 일컫는 총칭) 이적료 신기록인 1m 파운드를 기록하며 챔피언십 소속이었던 레스터 시티에 입성한다. 첫 시즌에는 5골을 넣으며 기대에 미치지 못했으나 이어 시작된 13/14시즌에서는 16득점을 포함, 소속팀 레스터 시티의 2부 리그 우승 및 승격을 도왔다. 레스터 시티에서 시작한 14/15시즌은 그리 인상적이지 못했다. 5R 맨체스터 유나이티드와의 경기에서 결승 역전골을 포함해 1골 4어시스트를 기록한 것만이 눈에 띄는 족적이었다.

하지만 15/16시즌은 달랐다. 레스터 시티는 시즌 초반부터 유례없는 고공행진을 이어나가기 시작했고, 그 중심에 제이미 바디가 있었다. 바디는 종전에 반 니스텔루이가 보유하고 있던 프리미어리그 연속골 기록(10경기)을 11경기로 갈아치웠고, 시즌 24골 6도움을 기록하며 개인 득점 랭킹 3위에 올랐다. 하지만 가장 큰 업적은 레스터 시티를 사상 첫 프리미어리그 우승으로 이끈 것이다. 2015년 5월에는 잉글랜드의 6월 A매치 대표팀

명단에도 이름을 올렸다. 2016년 6월에 열린 아일랜드 와의 평가전에서 국가대표 데뷔전을, 2016년 3월에 치른 독일과의 경기에서는 A 대표팀 데뷔골을 기록하기도 했다.

현재 두 선수는 각자의 이름을 내건 축구 아카데미를 운영하고 있다. 제이미 바디의 이름과 등번호에서 명칭을 딴 V9아카데미는 바디와 같은 논리그 출신 선수들에게 축구를 계속하고 꿈을 이룰 기회를 제공하자는 취지에서 설립되었고, 찰리 오스틴의 이름을 딴 찰리 오스틴 풋볼스쿨은 축구를 좋아하고 축구선수를 꿈꾸는 어린아이들이 더 재미있고 즐겁게 축구를 할 수 있도록 돕고 있다.

"축구가 단 1분이라도 지겹다고 느껴지는 순간이 온다면 나는 내가 금방이라도 쓰러질 것 같았던 17세 시절을 떠올리며 '나는 지금 최고로 행복한 삶을 살고 있다'고 되새길 것이다."

- 찰리 오스틴, 〈the Guardian〉 인터뷰 중에서

V9아카데미   V9Academy.co.uk
찰리 오스틴 풋볼스쿨   charlieaustinfootballschool.co.uk

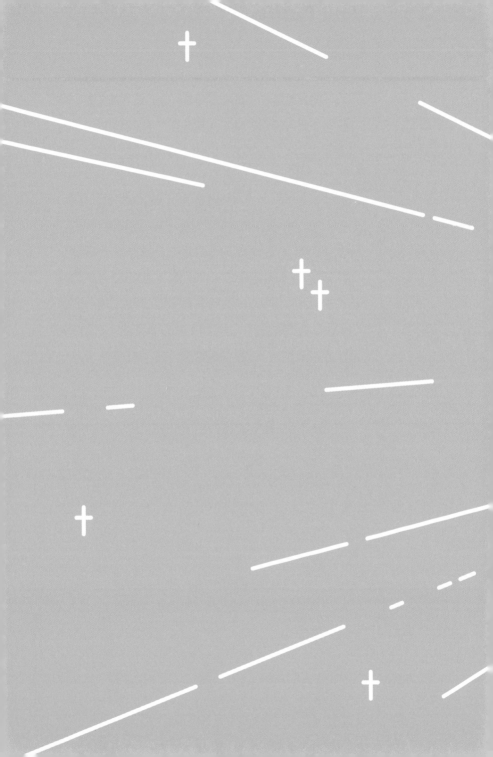

믹스트존 :

나와 너 그리고
우리의 이야기

아르헨티나 국가대표 미드필더 출신으로

아틀레티코 마드리드에서 성공적인 감독 커리어를

이어가고 있는 디에고 시메오네는

"축구의 기본은 수비를 하는 것도,

점유율을 높이는 것도 아니다.

그저 축구를 즐기고 사랑하는 것이다."

라고 말했다.

시메오네의 표현을 빌리면 앞으로 소개할 이들은
아주 탄탄한 기본기를 가지고 있는 셈이다.
모두가 진심으로 축구를 즐기고 또 사랑하기 때문이다.
이들의 이야기가 누군가에게 꿈이 되고,
또 어떤 이에게는 설렘이 되길 바란다.
그리고 이들의 앞날에도
축구와 함께하는 즐거움이 가득하기를.

01
아마추어 칼럼니스트,
국내 최연소 축구 해설위원 되다
임형철 SPOTV 축구 해설위원

오랫동안 그리던 꿈을 현실로 만든 사람들의 이야기는 언제나 가슴을 뛰게 한다. 축구 블로거, 아마추어 칼럼니스트, 팟캐스트 패널 등을 거쳐 축구 해설위원이 된 임형철 SPOTV 해설위원의 이야기 역시 마찬가지. 국내 최연소 축구 해설가라는 멋진 타이틀과 함께 여러 분야에서 종횡무진 활약 중인 임형철 위원을 만나 그가 생각하는 꿈과 축구에 관해 물었다.

Q.   많은 축구팬이 축구와 관련된 직업을 갖길 꿈꿉니다. 하지만
      어디서부터 어떻게 시작해야 하는지 몰라 막막해하는 분들이
      많은데요, 임 위원님께서는 해설위원이 되기까지 어떤 활동들을
      하셨나요?

A.   고등학생 시절 처음 블로그를 개설하고 축구와 관련된 칼럼을 쓰기
      시작했어요. 당시 썼던 글들이 아직 제 블로그에 남아 있는데요,
      처음에는 두서도 없고 형편없는 글이었지만 계속 쓰다 보니 점점
      체계가 잡힌 칼럼을 쓸 수 있었죠. 이렇게 작성한 칼럼들을 다른
      축구 커뮤니티에 공유하고 피드백을 받았는데요. 나중에는 제 글을

기다려 주시는 팬들도 생겼어요. 감사하고 기분 좋은 일이었죠. 그러던 중 한 축구 커뮤니티에서 '모 출판사가 축구와 관련된 책을 시리즈로 낼 예정이며, 이 시리즈에 참여할 작가를 모집한다'는 내용의 공고를 봤어요. 망설일 이유가 없었죠. 곧바로 출판사에 연락했고, 출판사에서 기회를 주신 덕분에 '축구계의 라이벌'을 주제로 책을 출간하게 되었어요. 당시 고등학생이었던 저를 믿어주신 출판사 대표님께 이 자리를 통해 다시 한번 감사의 말씀을 전합니다.

대학 진학 후에는 온라인 축구 커뮤니티에서의 인연으로 팟캐스트 '주간K리그'에서 패널 활동을 시작했어요. '주간K리그'는 일주일에 한 번씩 K리그와 관련된 이야기를 나누는 프로그램인데요, 패널로 활동하면서 축구를 글이 아닌 말로 풀어내는 방법과 방송에 대한 감각을 익힐 수 있었습니다. 2015년 가을에는 K3(4부 리그) 팀이었던 서울 유나이티드에서 명예기자단 활동을 시작했습니다. 기자단 활동을 하다가 운 좋게 서울 유나이티드의 자체 방송국인 SUTV에서 경기를 중계할 기회가 생겼는데요. 그리 좋은 환경은 아니었지만, 열정적으로 팀을 운영하는 구단 프런트와 최선을 다하는 선수들을 보며 저 또한 열심히 자료를 준비하고 경기를 중계했던 기억이 납니다.

축구 해설위원이 된 건 2016년 봄에 진행된 SPOTV 해설위원 공채를 통해서였어요. 지금도 합격 발표를 들었을 때의 떨림이 생생한데요. 나중에 들어 보니 주간K리그 팟캐스트와 서울 유나이티드에서의 경험을 높이 사주셨다고 해요. 하지만 저는 그 경험들뿐만 아니라 친구들과 했던 비디오게임에서부터 좋아하는 선수의 하이라이트 영상을 찾아본 것까지 축구와 관련된 모든 것이 해설위원이 되는 데 도움이 되었다고 생각해요. 세상에 의미 없는 일은 하나도 없으니까요.

Q. 해설위원이 되고 난 후 달라진 점이 있다면?

A. 조금 더 신중해졌다고 할까요? 예전에는 제가 생각하고 느끼는 그대로를 글과 말로 풀어냈다면, 지금은 한 번 더 고민한 후에 표현하게 되었어요. 시청자 여러분께 더 좋은 해설을 들려드려야 한다는 부담감과도 항상 씨름하고 있죠. 하지만 축구를 좋아하고 사랑하는 마음은 그대로입니다. 여전히 팟캐스트 패널로 활동하고, 블로그와 온라인 커뮤니티에 칼럼을 게시해요.

축구 공부도 열심히 하고 있어요. 축구 해설위원은 축구에 관한 수많은 정보와 소식을 시청자가 이해하기 쉽게 정리해 주는 직업이라고 생각하는데요, 선수로서의 경력도 없고, 이제 막 방송을 시작한 제가 할 수 있는 건 공부뿐이라고 생각해요. 지치지 않고 즐겁게 공부하기 위해 평소에도 여러 축구 커뮤니티에 들어가서 게시물을 보고, 제 중계가 아닌 경기도 챙겨 보면서 연습합니다.

Q. 비선수 출신이라 겪는 어려움은 없나요?

A. 선배 해설위원님들의 말씀을 빌리자면 '선수 출신이나 비선수

출신이나 똑같이 노력하고 연구하지 않으면 도태되는 것'이 바로 스포츠 해설위원의 운명입니다. 선수 시절 엄청난 커리어를 보낸 개리 네빌의 경우 은퇴 후 방송에서도 여유롭게 전문 지식을 뽐냈는데요, 그의 화려한 퍼포먼스 뒤에는 엄청난 노력이 수반되었을 거라고 확신합니다. 물론 선수 경력이 없는 해설위원들은 실제로 경기를 뛰어 본 사람만이 알 수 있는 디테일한 부분을 알기 어려워요. 그래서 저를 포함한 많은 비선수 출신 해설위원들은 사회인 축구 경기 등을 하면서 실전 감각을 익힙니다.

Q. **첫 번째 꿈을 이루셨습니다. 앞으로의 계획은 무엇인가요?**

A. 우선 눈앞의 목표는 지금보다 발전된 해설위원이 되는 것입니다. 시청자 여러분께 더 좋은 해설, 더 쉽고 재미있는 해설을 들려드리고 싶어요. 제 말과 글로 축구를 사랑하는 팬분들과 오랫동안 함께하는 게 지금 저의 꿈입니다.

Q. **임형철 위원님에게 아마추어란 어떤 의미인가요?**

A. 점점 더 프로와 아마추어의 간극이 줄어들고 있어요. 제 블로그 이웃 중에도 축구 지식이 해박한 분들이 많고, 온라인 커뮤니티로 범위를 넓히면 더 많은 재야의 고수들을 만날 수 있죠. 이제 '프로페셔널 아마추어'의 시대가 올 거라고 생각해요. 이 책이 방아쇠가 되어 프로 아마추어들에게 더 많은 기회가 주어지기를 희망합니다.

인천대학교 여자 축구 동아리
INUW의 위대한 도전

김나연, 곽혜린

축구를 남자들의 스포츠라 이야기하던 시대는 갔다. 여자 월드컵의 열기는 상상을 초월하고, 해외에서는 이미 성별에 구분 없이 생활체육으로 축구를 즐기고 있다. 유럽이나 아메리카와 비교하면 아직 갈 길이 멀지만, 국내에서도 여성들을 위한 축구 인프라가 증가하는 추세다. 2010 FIFA U-17 여자 월드컵 우승을 기폭제로 WK리그(WK League, 여자 축구리그 대회)에 대한 대중의 관심이 늘었고, 협회 차원에서도 유소년에 대해 대대적인 투자를 시작했다. 하지만 아마추어 여자 축구와 축구인에 대한 인식과 저변은 아직 걸음마 단계에 머물러 있다. 여자 축구인에 대한 부정적인 인식과 편견은 앞으로 축구계가 극복해야 할 커다란 문제다.

지난 2016년 3월 창단한 인천대학교 여자 축구동아리 INUW는 취미 생활로서의 여자 축구가 얼마나 재미있고 아름다울 수 있는지 보여주는 팀이다. 열정적인 운영진과 함께 여러 대회에 얼굴을 내비치며 위대한 역사를 쓰고 있는 INUW 김나연 주장과 곽혜린 부주장을 만나 그녀들의 축구 이야기를 들어보았다.

Q.　　축구를 좋아하게 된 특별한 계기가 있나요?

혜린　학창 시절부터 종종 동네 친구들과 어울려서 축구를 했어요.
　　　그러던 중 고등학교 2학년 때 유럽 여행을 다녀온 친구가 맨체스터
　　　유나이티드 경기를 직접 봤다고 엄청나게 자랑을 하는 거예요. 그때
　　　왜 그랬는지는 모르겠는데 분하기도 하고 부러웠어요. 그때부터
　　　본격적으로 유럽 축구 중계를 찾아봤던 것 같아요. 사비 알론소
　　　선수를 좋아해서 리버풀 경기를 주로 챙겨봤죠.

나연　2013년 인천에서 전국체전을 개최했을 때 인천대학교 여자
　　　축구팀을 만들어 대회에 나가자는 의견이 있었어요. 그래서 체육학부
　　　학생들 위주로 급하게 팀을 꾸려서 대회에 나갔는데, 다섯 골씩
　　　실점하고 지면서도 너무 재미있는 거예요. 큰 기대 없이 나간 대회라
　　　저희가 준비한 플레이를 경기장에서 펼치는 것만으로도 기쁘고
　　　만족스러웠어요. 대회가 끝난 후에도 축구를 계속하고 싶어서 여자
　　　축구 동아리를 만들게 되었죠.

Q.　　동아리를 운영하면서 힘들었던 적은 없나요?

나연　처음에는 선수(동아리 회원) 모집이 가장 힘들었어요. 어떻게
　　　홍보해야 할지 몰라서 막막하기도 했고, 여자 축구 자체가
　　　생소한지라 가입을 문의하는 학생들도 많지 않았어요. 수소문해서
　　　코치진도 다 섭외해놨는데 선수가 없으니, 민망한 날들의
　　　연속이었죠. 그래서 무작정 전단을 만들어 학교 여자 화장실에

붙이기 시작했어요. 효과가 있었는지 입소문이 났고, 기존 멤버들이 하나둘씩 친구와 선후배들을 데려오면서 겨우 규모를 갖추게 되었어요.

동아리방을 얻는 과정도 순탄하지 않았어요. 학교에서 중앙 동아리는 여성과 남성의 구분 없이 모두가 함께할 수 있는 성격을 띠어야 한다고 했거든요. 여러 차례 조율을 거친 후 남자 회원들을 추가로 모집한 후에야 중앙 동아리로 인준되어 동아리 활동의 기틀이 되는 동아리방을 마련할 수 있었어요. 돌이켜보면 동아리로 구색을 갖출 때가 가장 힘든 순간들이기도 했지만, 가장 뿌듯하고 즐거운 일이었던 것 같아요.

혜린 축구를 많이 해 보지 않았거나 공을 발로 다루는 것 자체가 익숙하지 않은 회원들에게 축구를 가르치는 일도 쉽지 않았어요. 남자 축구 동아리는 대부분 어느 정도 실력이 비슷한 회원들이 모여 있지만 여자 축구 동아리는 그렇지 않거든요. 가장 기본이라고 할 수 있는 패스조차 되지 않아 처음부터 축구를 가르쳐야 하는 회원도 있어요. 즐기기 위한 동아리 활동에는 문제가 없는데, 대회를 준비하고 나가게 되면 결정을 내려야 하는 순간이 생기잖아요. 재미있게 축구를 하는 것이 INUW의 모토인데 어쩔 수 없이 그것을 어겨야 하는 일이 생길 때 너무 힘들죠.

Q. 이제 주장(나연)님은 대학교 4학년이 되었는데요, 앞으로의 목표와 바람은 무엇인가요?

나연   우선 후배들이 INUW를 잘 이끌어줬으면 좋겠어요. 모두가 힘을
합쳐 어렵게 만든 동아리가 하루아침에 사라지는 모습을 보고
싶지는 않거든요. 동아리 자체 경기를 할 수 있을 만큼 회원도 더
모집하고, 지금처럼 가족 같은 분위기가 이어진다면 충분히 롱런할
수 있을 거예요. 개인적으로는 취업도 중요하지만, 졸업 후에도
축구를 취미로 계속할 수 있는 팀을 찾고 있어요. 그리고 아마추어
여자 축구인들이 정보를 공유할 수 있는 커뮤니티나 단체가
생기면 좋겠어요. 서울권대학동아리축구연맹인 SUFA를 본떠서
여자대학축구동아리연맹 WUFA가 결성되었는데, 저희 INUW를
포함해 2016년 기준 24개 대학 동아리가 가입해서 활동 중이에요.
지금보다 더 규모를 확장하고 시스템을 완성하면 재미있을 것
같아요.

Q.   **축구를 하면서 달라진 점이 있나요?**

혜린   친구들이 축구를 시작한 뒤에 제가 더 행복해 보인다고 말해요.
성격이 부드러워졌다고도 하고요. 그 전에는 제가 생각해도 예민한
편이었거든요. 체대 입시를 준비해서인지 주변을 살피기보다는
특정 목표에만 집중하는 경향이 있었는데, 팀 경기인 축구를 하면서
함께하는 사람이 얼마나 중요한지, 또 과정이 얼마나 소중한지를
깨달았어요. 올해 안에 유럽으로 축구 여행을 떠날 계획인데요,
항공권을 예약하면서 제가 이렇게 추진력이 있는 사람인지 처음
알았어요. 축구가 아니었다면 유럽 여행을 결심하고 준비하는 일은
불가능했겠죠? 사비 알론소는 사랑입니다.

Q. 공식 질문입니다. 김나연, 곽혜린에게 축구란?

혜린 저에게 축구는 마라톤 같아요. 예전에는 축구를 보는 것만 좋아했지
하는 것에는 관심이 없었는데, 대회를 준비하면서 취미 이상의
흥미가 생겼어요. 축구 실력을 기르고 싶어서 방학 때 코치님을 졸라
같이 연습을 할 정도로요. 마라톤도 끝까지 달려야 내 기록(결과)을
볼 수 있잖아요. 열심히 뛰는 만큼 좋은 결과가 나오는 마라톤처럼
축구도 땀 흘리는 만큼 보람 있는 결과를 얻을 수 있다고 생각해요.
앞으로도 축구 연습을 게을리하지 않을 거예요.

나연 축구는 제 인생의 터닝 포인트예요. 축구를 통해 좋은 사람들도
만나고, 성격이나 생활방식 등 많은 부분이 달라졌어요.
이제 축구는 저에게 단순한 취미 이상이에요. 두 다리가 허락하는 한
계속해서 축구를 하고 싶어요. 가끔 먼 훗날 손주와 함께 공을 차고
노는 모습을 상상하는데요. 축구를 하면서 알게 된 새로운 재미와
즐거움을 더 많은 사람과 나누고 싶어요.

2017년 3월 개강과 함께 시즌을 시작한 INUW는 적극적인 동아리 홍보 활동을
통해 남학생 회원을 모집했다. 그리고 결국 INUW 남자팀을 만들었다. '모두가
함께 즐거운 축구를 할 수 있으면 좋겠다'던 두 사람의 꿈이 현실이 된 것이다.
열렬한 축하를 보내며 그들의 팬으로서 INUW의 앞날에 행운이 가득하길 바란다.
그들의 이야기는 페이스북 페이지 '인천대 INUW FC'를 통해서도 만날 수 있다.

03
제주에서 서울까지,
축구 청년 상경기

강사흔

축구와 공부를 병행하기 힘들다는 것은 대한민국 엘리트 체육 시스템의 안타까운 현실이다. 그리고 프로 선수가 되는 것을 꿈꾸며 학창 시절 내내 운동에 전념했지만, 좁디좁은 프로의 문을 통과하지 못하고 삶의 방향을 잃은 청춘들의 이야기는 그보다 더 안타깝다.

이번 인터뷰의 주인공 강사흔 또한 학창 시절 내내 프로 축구선수가 되기 위해 달렸다. 그리고 스스로 그 꿈을 내려놓아야 했다. 하지만 그는 포기하지 않았다. 좋아하는 축구와 관련된 것이라면 가리지 않고 도전했다. 지난 2017년 3월에는 더 많은 정보와 기회를 얻기 위해 고향인 제주를 떠나 서울에 둥지를 틀었다. 그가 서울에 도착한 지 채 2주가 되지 않았을 때, 강남역의 한 카페에서 그를 만났다.

Q.   반갑습니다. 간단한 자기소개 부탁드립니다.

A.   안녕하세요. 강사흔입니다. 온라인에서는 흐니에스타라는 닉네임을
      사용하고 있습니다. 제 포지션이 미드필더이기도 하고, 개인적으로

축구선수 이니에스타를 좋아해서 이런 닉네임을 쓰게 되었어요.

Q. **학창 시절 엘리트 체육 인재셨다고 들었습니다.**

A. 화북초등학교 4학년 때 처음 축구를 시작해서 제주제일중학교와
제주중앙고등학교에 차례로 진학했습니다. 고등학교 시절 함께
축구부 생활을 했던 친구 중 하나가 프로 축구선수 홍정호입니다.
약 9년간 축구부로 활동하면서 도 대회에서 몇 차례 우승을 하고,
제주도민체전에서 금메달을 딴 적도 있지만, 고등학교를 졸업하면서
축구로 대학에 진학하는 것은 포기했어요.

Q. **축구를 그만 둔 가장 큰 이유는 무엇인가요?**

A. 제 실력과 한계를 정확히 파악하고 있었기 때문입니다. 고등학교
축구부 선수도 일반 학생들처럼 고3 때가 가장 중요한데요. 이때의
성적표가 대학 진학과 프로 진출이라는 두 선택지에 큰 영향을
줍니다. 당시 제가 다니고 있던 학교는 전국대회 8강이라는 호성적을
거뒀지만, 개인적으로는 훌륭한 시즌을 보내지 못했습니다.
실력이 출중했던 선배들이 대학에 간 지 한두 달 만에 다시 고향에
내려오는 것을 보고 겁이 나기도 했고요. 인정하기는 싫었지만 그게
현실이었죠.

Q. **그 결정이 후회되는 순간은 없었나요?**

A. 축구를 포기한 건 후회하지 않아요. 하지만 학창 시절 공부를
    병행하지 않았던 것은 아쉬움이 남습니다. 운동할 때는 훈련이
    끝나면 공부를 해야 한다는 말이 죽도록 듣기 싫었는데, 돌이켜보면
    왜 그러지 못했나 하는 후회가 들어요. 만약, 대학을 졸업했는데
    프로에 진출하지 못해서 이십 대 중반에 축구를 그만두어야
    하는 상황이 오면 어떨까요? 엘리트 체육인들을 위해 제도적인
    차원에서의 지원과 개선도 필요하다고 생각해요. 제 주변만 해도
    이런 어려움을 겪는 친구들이 더러 있습니다.

Q. **축구를 포기한 후에는 어떻게 지내셨나요?**

A. 코치 선생님의 권유로 제주대학교 체육학부 체육과학 전공에
    입학했고, 스무 살이 되자마자 군에 입대했어요. 전역 후에는 제주
    도남초등학교 여자 축구부 코치 1년, 제주동초등학교 축구부 코치로
    6개월간 지도자 생활을 했고, 2011년 겨울에 심판 자격을 취득해서
    3급 심판원으로 활동했죠.

    선수나 지도자일 때는 심판이 정말 쉬워 보였는데, 막상 심판이 되어
    경기를 주관하게 되니 심판만큼 어려운 일이 없더라고요. 체력도
    체력이지만 심리적으로 굉장히 힘든 직업이거든요. 판정 하나하나를
    내릴 때마다 거센 항의와 볼멘소리를 각오해야 하죠. 학창 시절
    멋모르고 심판 선생님께 불만을 표출했던 일들을 생각하면 너무나
    부끄럽습니다.

Q. 제주도를 떠나 서울로 가야겠다는 결심은 언제, 어떤 계기로 하게 되었나요?

A. 제주도는 축구 인프라가 부족해요. 제주가 연고지인 프로 스포츠팀도 제주 유나이티드 하나뿐인 데다가 학교 축구팀들조차 선수 수급이 힘들어 어려움을 겪을 정도죠. 그래서 프로팀도 많고 인프라도 훌륭한 곳에서 경험을 쌓고 꿈에 도전하기 위해 서울에 올라왔어요. 저를 믿고 지지해 주신 부모님의 도움이 컸죠.

Q. 앞으로의 계획은 무엇인가요? 반드시 이루고 싶은 꿈이 있다면?

A. 우선 축구 미디어 분야에서 경험을 쌓고 싶어요. 언젠가는 축구 해설위원이 되고 싶고요. 초등부 경기일지라도 중계석에 앉아서 경기를 해설할 수 있다면 정말 행복할 것 같습니다. 스물일곱 살이 되던 날 10년 안에 해설위원이 되는 것을 목표로 준비를 시작했는데요. 다양한 활동을 통해 내공부터 탄탄히 쌓을 생각이에요. 심판 자격 급수도 하나씩 업그레이드하고요.

Q. 프로가 되는 것은 포기했지만, 축구는 놓지 않고 있습니다.

A. 축구를 시작했던 이유와 같아요. 축구가 정말 재미있거든요. 재미도 있고 잘 할 수 있는 분야라면 반드시 선수가 아니더라도 경쟁력이 있을 거라고 생각합니다.

Q. 마지막 질문입니다. 한때는 프로를 꿈꿨지만 이제 아마추어가 되었습니다. 강사흔에게 아마추어 축구란 어떤 의미인가요?

A. 아마추어 축구는 제가 경험한 가장 재미있는 축구판이에요. 선수, 학부모, 지도자, 심판 등 다양한 사람들의 모습과 목소리를 정말 가까이서 보고 들을 수 있죠. 좁은 문틈 사이로 새어 나오는 빛을 쫓으며 축구를 했던 저에게 아마추어 축구는 위안입니다. 마음이 편해지는 단어죠.

인터뷰를 하는 동안 '축구'라는 단어가 나올 때마다 그의 눈은 반짝였다. 꿈꾸는 미래를 위해 앞으로 10년을 차근차근 준비하겠다는 그의 이야기를 들으니 학창 시절 그가 어떤 축구선수였는지 짐작할 수 있었다. 언젠가 강사흔 위원의 해설이 곁들여진 축구 경기를 볼 수 있길 바라며, 그의 앞날에 박수를 보낸다.

04

서울 소재 교육학과 축구대회
에듀컵(EDU CUP)을 아시나요?

교육과 축구의 만남?

2012년 가을, 내게 한 통의 전화가 걸려왔다. 모 대학 교육학과 학생이라고 밝힌 그는 "제2회 에듀컵(EDU CUP)에 참가할 학교를 섭외하고 있으니 세종대학교 교육학과도 참가 의사가 있다면 알려 달라."고 말했다. 에듀컵은 서울 소재 대학의 교육학과 축구팀들이 만든 연합 축구리그다. 2010년 성균관대학교 등 4개 학교가 참가하여 1회 에듀컵이 개최되었고, 2년 뒤 서울에 있는 다른 교육학과 축구팀들을 추가로 섭외해 규모를 확장하기로 하면서 당시 내가 다니던 대학에도 연락을 한 것이다.

며칠 뒤 서울 소재 8개 대학의 교육학과 대표들이 모여 제2회 에듀컵 개최 방법과 절차를 의논했다. 긴 회의를 통해 우승팀은 토너먼트 녹아웃 방식(진 팀은 곧바로 탈락하고 이긴 팀끼리 또다시 경기를 벌이는 방법을 반복하여 최종 우승팀을 가리는 방식)으로 결정하고, 경기 준비금과 상금은 팀별로 소정의 참가비를 모아 운영하기로 하는 등 대회를 치르는 데 꼭 필요한 룰을 정하고 경기장 섭외, 심판 및 대회 운영 등 각 학교 대표자들의 역할을 나눴다.

하지만 나름의 최선을 다했음에도 제2회 에듀컵은 많은 아쉬움을 남겼다. 경기장 섭외가 원활하게 이루어지지 않아 맨땅과 인조 잔디 경기장을 오가며 조별리그를 치러야 했고, 때로는 각 학교에서 1~2시간 떨어진 경기장에서 경기하는 일도 있었다. 대부분의 교육학과가 남성보다 여성의 비율이 높은 까닭에 경기에 출전하는 11명의 선수를 구성하는 일조차 버거운 경우도 있었다. 이렇듯 어설프고 부족함이 많은 대회였지만 참가한 팀들 모두 비슷한 환경에서 대회에 참가했기에 불편함을 감수하고 서로 존중하며 대회를 마칠 수 있었다.

당시 내가 속한 세종대학교 교육과학과 축구팀은 8강전에서 디펜딩 챔피언(전 대회 우승자)이었던 성균관대학교를 꺾고 4강에 올랐지만, 4강전에서 국민대학교 교육학과 축구팀에 0:2로 패하며 다음 대회를 기약하게 되었다. 우리를 꺾은 국민대학교는 2회 에듀컵에서 우승을 차지했다.

모양을 갖추다

세 번째 에듀컵은 2014년 8월에 개최되었다. 이 대회에는 교육학과를 보유한 서울 소재 11개 대학(고려대, 성균관대, 한양대, 국민대, 세종대, 홍익대, 동국대, 중앙대, 연세대, 서울대, 상명대) 중에서 상명대학교팀을 제외한 10개 학교의 교육학과 축구팀이 참가했는데, 페이스북 페이지 '교육학과 축구 리그 Edu컵'이 개설되어 대회 일정과 결과를 기록한 첫 대회이기도 했다. 챔피언이 1년간 보관하는 에듀컵 우승 깃발도 이때 제작되었다.

에듀컵의 특징 중 하나는 특별한 조직위원회 없이 매년 새로운 얼굴들이 모여서 대회를 준비하고 운영한다는 것이다. 덕분에 매회 새로운 색깔을 가진 대회가 탄생했다. 3회 대회에서 가장 크게 달라진 것은 온라인 채널의 활성화였다. 경기가 종료된 후에도 페이스북 페이지 등을 통해 경기와 관련된 이야기가 끊임없이 재생산되면서 다음 경기에 대한 관심과 기대를 높였다. 관심이 높아지면서 에듀컵 페이지를 통해 각 학교 교육학과 교수진과 졸업생들이 대회에 출전하는 학생들에게 응원의 메시지를 보내기도 했다. 이렇듯 아이디어와 열정이 넘치는 조직위원회 덕분에 3회 에듀컵은 축구 대회에 걸맞은 시스템을 갖추게 되었다.

2014년 8월 30일 중앙대학교와 동국대학교의 경기를 시작으로 10개 학교를 5팀씩 나눈 두 그룹이 조별리그를 시작했다. 그 결과 A조에서는 세종대학교 적토마, 성균관대학교 WorD가, B조에서는 서울대학교 미남축구단, 홍익대학교 FC 613이 각 조 1, 2위를 차지하며 4강에 진출했다. 치열한 접전 끝에 결승에 오른 팀은 세종대학교 적토마와 성균관대학교 WorD. 각 학교의 교수진과 응원단까지 함께한 결승전에서는 성균관대학교가 3:0으로 세종대학교를 제압하며 챔피언 타이틀 탈환에 성공했다.

특히 기억에 남는 장면은 결승전과 3, 4위전을 치르지 않은 학교의 운영진들이 경기장에 찾아와 경기 진행을 돕고 우승팀을 축하했을 때다. 승부를 가리는 대회였지만 모두의 즐거움을 바라는 따뜻하고 순수한 마음 덕분에 대회는 훈훈한 분위기에서 마무리될 수 있었다.

전통과 역사를 갖춘 대회로

1회부터 3회까지 에듀컵은 비엔날레처럼 2년에 한 번씩 대회를 열었는데, 본격적으로 대회의 형식을 갖춘 3회부터는 매년 개최되고 있다. 8개 학교가 참가한 2015 제4회 에듀컵은 서울대학교 미남축구단이 우승을 차지했고, 2016년에 열린 제5회 에듀컵에서는 오랜만에 출전한 상명대학교 교육학과 축구팀 FC-SME가 우승을 차지하며 에듀컵 역사에 이름을 올렸다. 특히 5회

대회부터는 득점왕에게도 상금이 지급되어 각 학교의 골게터(득점이 높은 선수)들이 조명받기 시작했다.

위기가 없었던 건 아니다. 조직위원회가 학생들이다 보니 본업인 학업에 열중하느라 대회를 개최하기 힘든 경우도 있었고, 축구팀을 꾸릴 수 있는 인원이 부족해 경기에 참석하지 못하는 학교도 더러 있었다. 하지만 매년 존폐의 위기를 겪으면서도 에듀컵이 꾸준히 명맥을 유지할 수 있었던 비결은 대회를 기획하고 운영하는 사람에서부터 선수에 이르기까지 모두가 교육학을 전공하는 학생이라는 동질감과 건강하고 순수한 대회 취지에 있었다.

> "연세대학교는 에듀컵에 출전하기 전까지 교육학과 내에 축구 동아리가 없었습니다. 남학생 수가 적어서 교내 대회에서 경쟁력이 없었거든요. 축구가 하고 싶은 학생들은 각자 다른 학과 소속팀에서 뛰어야만 했습니다. 하지만 에듀컵 출전을 계기로 학과에 축구 동아리가 만들어졌고, 다른 팀에서 뛰던 선후배들도 삼삼오오 학과로 모이게 되었습니다."
>
> — 연세대학교 10학번 권○근

2010년 출범한 에듀컵의 역사는 아직 짧다. 하지만 학교 선후배 사이를 돈독하게 만들고, 같은 전공을 배우는 다른 학교 학생들이 함께 땀 흘리며 공정하게 실력을 겨루는 장이 된다는 것만으로도 그 가치는 충분하다. 부디 에듀컵이 지금의 건강한 취지를 잃지 않고, 경쟁이라는 형식과 상관없이 즐거움을 나누는 대회로 롱런하길 바란다.

05
세상 모든 축구용품을
리뷰하는 남자들
구운회, 박승수

축구화와 축구 의류는 축구를 하기 위한 필수 준비물이다. 이러한 축구용품을 구매하기 위해 우리는 수많은 정보를 습득해야 하는데. 개중에는 색깔이나 디자인처럼 직접 신거나 입어보지 않아도 알 수 있는 것들이 있지만 사이즈나 착용감처럼 반드시 경험해 봐야 알 수 있는 것들도 있다. 우리는 이럴 때 이미 제품을 경험한 사람들의 후기를 참고하게 된다.

축구와 축구용품을 주제로 블로그를 운영하며 각각 통산 1,000만 명이 넘는 방문자를 유치한 구운회와 박승수는 국내에서 가장 믿을 수 있는 축구용품 리뷰어들이다. 그들을 만나 축구용품 리뷰어로서의 삶과 앞으로의 미래에 관해 물었다.

Q. 축구용품 리뷰를 시작하게 된 계기는 무엇인가요?

운회 제가 축구만큼이나 좋아하는 게 사진이에요. 그래서 카메라에도
     관심이 많았죠. 그날도 카메라 커뮤니티에 들어가서 새로 나온
     카메라 리뷰와 유저들이 올린 사진들을 보고 있었어요. 카메라와

사진을 주로 다루는 커뮤니티라 그런지 사진도 선명하고 리뷰
퀄리티도 훌륭했습니다. 그런데 문득 이런 생각이 들더라고요.
'왜 축구화는 이런 리뷰가 없지?' 그때만 해도 커뮤니티에 올라오는
축구화 리뷰들은 서너 줄 정도의 텍스트 리뷰가 전부였거든요.
용돈을 모아서 카메라를 사고 고퀄리티 카메라 리뷰를 흉내 내기
시작했어요. 그게 2009년 10월이었으니 벌써 8년이 넘었네요.

승수   2011년에 모 축구 쇼핑몰에서 이벤트를 진행했어요. 쇼핑몰에서
판매하고 있는 축구화 리뷰를 개인 블로그에 올리면 추첨을 통해
선물을 준다는 내용이었죠. 그때 제가 중학생이었는데, 어린 마음에
이벤트에 응모해 선물을 받고 싶어서 블로그를 개설했어요. 결과는
탈락이었어요. 아무것도 없는 블로그에 달랑 리뷰 글 하나 올렸으니
당첨될 리가 없었죠. 비록 선물은 못 받았지만, 이 일을 계기로 축구
블로그를 시작했어요.

Q.   승수님은 '축구용품의 모든 것'이라는 페이스북 페이지도
운영하시죠?

승수   한창 페이스북 페이지가 인기를 끌 때였어요. 축구와 관련된
페이지도 우후죽순 생겨났었죠. 그런데 경기 영상이나 사진
콘텐츠를 업로드 하는 페이지만 잔뜩 있고, 제가 좋아하는
축구용품을 전문적으로 다루는 페이지는 없는 거예요. 직접 운영해
보면 재미있을 것 같아서 페이지를 만들었어요. 지금(2017년 4월)은
약 50,000명의 팔로워와 소통하고 있어요.

Q. **축구용품을 리뷰하면서 가장 기억에 남는 일은 무엇인가요?**

운회 처음에는 축구 커뮤니티에만 리뷰를 올리다가 나중에는 제 개인
블로그를 만들어서 콘텐츠를 올렸어요. 그게 2010년 2월이었는데
마침 2010 FIFA 남아공 월드컵을 코앞에 두고 있어서 축구에 대한
관심이 한창 높아져 있을 때였죠. 자연스럽게 많은 분이 제 블로그에
와주셨고, 그분들과 많은 이야기를 나눌 수 있었어요. 덕분에 더 많은
축구화를 소개할 수 있었던 것 같아요. 그분들이 보내주신 쓴소리와
칭찬, 모두 기억에 남습니다.

승수 저도 운회님과 비슷해요. 블로그와 페이스북 페이지를 운영하다
보면 용품에 대해 문의하거나 축구 관련 콘텐츠를 제보해 주시는
분들이 있는데요. 종종 용품이나 축구에 대한 지식이 엄청나게
풍부한 분들과 대화를 나누게 될 때가 있어요. 이런 분들이 특히
기억에 남아요. 정말 배우는 점이 많거든요. 이럴 때 축구가 정말
위대한 스포츠구나 싶어요. 다들 순수하게 축구가 좋고, 더 많은
사람과 나누고 싶어서 자기가 가지고 있는 정보나 지식을 공유해
주시잖아요. 채널 운영자로서 더 많이 공부하고 노력해야겠다는
생각이 들게 만드는 분들입니다.

Q. **두 분은 국내 축구팬들 사이에서 '믿고 보는 리뷰어'로 유명
인사신데요, 이런 타이틀을 얻기까지 굴곡도 있었을 것 같아요.**

운회 한번은 축구 커뮤니티에서 어떤 분이 제 콘텐츠가 축구용품

회사의 후원을 받아서 일방적으로 좋게만 작성된 리뷰라고
주장하셨어요. 그런데 저는 리뷰는 최대한 솔직하게 써야 한다고
생각하고, 실제로도 그러려고 노력하거든요. 그게 만약 선물로
받은 것일지라도요. 특정 브랜드의 제품을 리뷰했다고 해서 그
브랜드로부터 현금으로 인센티브를 받은 적도 없고요. 근거 없는
모함이었죠.

당시 커뮤니티 운영진들이 사실 확인도 하지 않고 그저 무마시키려는
바람에 사태가 걷잡을 수 없이 커졌어요. 그때 정말 '축구화 리뷰를
그만해야 하나?'라는 생각이 들 정도로 괴로웠어요. 저는 객관성을
유지하지 못하는 순간 리뷰어로서의 생명이 끝난다고 생각하거든요.

또 하나는 직업과 미래에 대한 거예요. 축구용품 리뷰를 업으로 삼을
수 있다면 가장 좋겠지만, 아직 국내 스포츠 마켓은 해외에 비하면
규모나 환경이 그리 크지 않아요. 지금이야 앞으로 무엇을 하며 먹고
살지에 대해 확실한 플랜이 있지만, 이 진로를 찾고 선택하기까지의
과정은 쉽지 않았어요. 취미를 업으로 삼고 싶은 분들이라면 누구나
고민하는 부분이 아닐까 싶습니다.

Q.   두 분이 그리는 앞으로의 계획이나 목표는 무엇인가요?

운회   축구화만을 전문적으로 다루는 웹사이트를 만들어서 운영하고
      싶어요. 지금보다 겉보기에도 좋고 내용도 잘 정리된 채널을 만들면
      더 많은 사람이 함께 아이디어를 나눌 수 있지 않을까요? 제 리뷰를

통해서 사람들이 축구를 더 가깝게 느낄 수 있으면 좋겠어요.

승수   블로그를 처음 시작했을 때는 글쓰기가 재미있고, 다른 분들이 그
글에 대해 다양하게 반응해 주시는 게 좋아서 축구 기자를 꿈꿨어요.
물론 지금도 콘텐츠를 만드는 일에서 보람을 느끼지만, 방법이 조금
달라졌죠. 요즘은 영상을 편집하고 만드는 일이 더 재미있어요.
축구용품 리뷰도 영상으로 제작하고 있죠. 텍스트나 사진보다 더
실감 나고 박진감 넘치는 리뷰를 만들 수 있어서 좋아요. 드디어 꿈을
찾은 것 같습니다.

구운회 블로그
http://blog.naver.com/01194793386

박승수 블로그
http://blog.naver.com/lfc77

06
축구가 맺어준 사랑,
결혼에 골인하기까지
김진섭, 김화실 부부

동호회 활동은 종종 사랑의 징검다리가 된다. 그렇지만 사회인 축구를 하다가
사랑에 빠진 커플의 이야기는 좀처럼 듣기 힘들다. 기본적으로 사회인 축구팀
에 여성 멤버가 드물고, 축구 경기장이 아닌 사석에서 만남을 주선하는 경우
가 더 많기 때문이다. 하지만 틈새시장은 어디에나 있는 법. 여기 사회인 축
구라는 열악한 환경에서도 사랑의 꽃을 피워 결국 결혼까지 골인한 두 사람이
있다.

Q.   어떻게 처음 만나셨나요?

진섭   전역 후 축구가 너무 하고 싶어서 수소문하다가, 집 근처에서
        활동하는 팀에 가입하게 됐어요. 그 팀에서 지금의 처남을 만났죠.
        처음에는 그저 예의 바르고 축구 잘하는 친구인 줄 알았는데, 가끔
        예쁘고 참한 누나랑 함께 오더라고요. 아내는 몰랐겠지만, 사실은
        누나를 소개해달라고 처남에게 엄청 졸랐어요. 밥도 사주고 술도
        사면서 점수 따려고 무척 노력했죠.

화실   아빠와 동생이 뛰는 모습을 보러 갔다가 오빠(남편)를 처음 봤어요. 처음에는 자상하고 재미있는 오빠라고만 생각했는데, 어느 날 갑자기 문자로 영화를 보자는 거예요. 무슨 일인가 싶어 동생한테 물어봤더니 동생이 오빠한테 제 연락처를 알려줬다고 하더라고요. 당황스럽긴 했지만, 기분이 나쁘진 않았어요.

Q.   서로의 어떤 모습에 반하게 되었나요?

진섭   그 축구팀에는 처남뿐만 아니라 장인어른도 함께 뛰고 계셨는데요. 두 분과 7년 넘게 같이 공을 차다 보니 에피소드가 참 많았어요. 아내도 가끔 운동장에 나와서 저희 세 사람을 응원했고요. 그래서 아내와 이야기할 거리도 많고, 만날 때마다 웃음이 끊이질 않았던 것 같아요.

화실   몇 번 만나보니 오빠가 생각보다 더 재미있고 자상하더라고요. 한번 속아줘도 괜찮겠다 싶었죠. 정식으로 만난 지 얼마 뒤에 오빠가 결혼 이야기를 꺼냈어요. 그때부터 사람 됨됨이와 성실함을 더 열심히 살펴봤는데요. 결국에는 합격이었어요.

Q.   결혼에 골인하기까지 어려운 점은 없었나요?

진섭   연애 때는 마냥 행복했는데, 결혼 준비를 시작하니 서로 약간씩 의견차가 생기긴 했어요. 그렇지만 크게 다툰 적은 없어요. 저는 정말 아내를 놓치고 싶지 않았거든요. 그래서 공격수처럼 밀고 나갔죠.

운동할 때 제 모습이 마음에 드셨는지 장인어른께서도 결혼 승낙을
흔쾌히 해 주셨고요. 정말 감사했죠.

Q. **결혼 후 달라진 점이 있다면?**

진섭 가장 크게 달라진 점은 주말에 운동장에 나가는 횟수가 줄었다는
거예요. 초등학교 4학년 때 처음 축구를 시작했으니, 지금껏 20년
넘게 선수로 뛰었는데요. 처음에는 좋아하는 축구를 하지 않고
참으려니 너무너무 고통스러웠어요. 하지만 점점 적응되는 것
같아요. 결혼은 함께 만들어 나가는 과정이잖아요. 아직 신혼이기도
하고, 지금은 아내와 보내는 시간이 더 중요해요. 요즘은 구단주의
마음가짐으로 열심히 가정을 이끄는 것만 생각하고 집중하고
있어요.

화실 오빠가 정말 많이 변했어요. 결혼 전에는 가입해서 직접 뛰는
주말 축구팀만 서너 개였거든요. 결혼 후에는 가족과 함께 시간을
보내려고 노력하는 게 눈에 보여요. 저희 둘 다 여행가는 걸
정말 좋아해서 요즘에는 한 달에 한 번씩 함께 여행을 다니면서
스트레스를 풀고 있어요.

Q. **두 분은 축구를 하다가 만나셨잖아요,**
    결혼식 분위기가 특별했을 것 같아요.

진섭 결혼식은 인생에 한 번뿐이잖아요. 아내에게 오랫동안 기억에 남는

이벤트로 만들어주고 싶어서 직접 춤도 추고, 노래도 불렀어요.
제가 뛰고 있던 여러 축구팀 선수들도 결혼을 축하하러 오셨는데요,
덕분에 가족과 친지를 제외하고는 90% 이상이 남자였어요. 다들
일면식이 있는 분들이라 화기애애한 분위기에서 결혼식을 올릴
수 있었습니다. 아마 이렇게 남자가 많은 결혼식도 없었을 거예요.
대학교 여자 후배가 '남탕에 온 기분'이라고 했던 게 기억에 남네요.
그런데 그 후배는 그 기분을 어떻게 알았을까요?

Q. **사회인 축구인 남편을 둔 아내로서 하실 말씀이 있다면?**

화실 사실 아직도 주말만 되면 눈치싸움을 해요. 대부분은 남편이
양보하지만, 가끔은 제 마음을 몰라주는 남편이 서운할 때도 있어요.
남편이 운동가는 걸 싫어하는 게 아니에요. 혹시라도 경기하다가
다치지는 않을까 걱정이 되기도 하고, 주말을 함께 보내고 싶기도
하고요. 하지만 좋아하는 일이니 응원해 줘야죠. 언제나 멋진 내
남편이니까요.

Q. **사회인 축구팀 활동으로 다투는 커플이나 부부에게
하고 싶은 말이 있다면?**

진섭 직업 축구선수가 아니라면 축구 외에 다른 것에도 집중하고 즐길
줄 알아야 할 것 같아요. 우리에게는 축구만큼이나 소중한 것이
많으니까요. 사랑하는 그녀에게 축구를 하면서 느꼈던 짜릿함과
기쁨을 선물해 보는 것도 좋고요. 함께하면 기쁨이 두 배가 됩니다.

화실 가장 중요한 건 대화라고 생각해요. 서로의 의견을 들어보고 조율하는 과정이 바로 결혼 생활이잖아요. 서로의 취미 생활은 존중하면서 같이 할 방법은 없을까 고민하고 찾다 보면 분명히 힌트를 얻을 수 있을 거예요. 저도 가끔 남편이 축구 경기하는 모습을 보러 운동장에 가곤 한답니다.

07

서울시 저시력 축구단의 비전

김동진, 김남선

시각장애인이 축구를 할 수 있을까? 시각장애인 축구라 하면 대부분 소리가 나는 공으로 축구 경기를 하는 선수들의 모습을 떠올린다. 하지만 시각장애인 축구의 세계는 그렇게 단순하지 않다. 시각장애인 축구는 시력을 완전히 잃은 사람들의 축구팀인 전맹부와 시력의 일부를 잃은 사람들의 축구팀인 약시부로 나뉜다. 지난 2017년 2월, 약시부 소속으로 창단 10년째를 맞은 서울시 저시력 축구단 김동진 감독과 김남선 선수를 만나 저시력 축구와 저시력 축구선수로서의 삶에 대해 들어보았다. 먼저 김동진 감독을 만나보자.

Q.   서울시 저시력 축구단은 어떻게 창단되었나요?

A.   지난 2007년, 제가 일하는 복지관에서 시각장애인 축구대회에 출전하기 위해 선수들을 모집한 것이 계기가 되었습니다. 급조된 팀이라 대회에서의 성적은 아쉬웠지만, 결정적인 수확이 있었어요. 바로, 대회 참가를 위해 모인 시각장애인들이 축구에 흥미를 느끼고 지속해서 운동하기 위해 팀을 창단한 것이죠. 처음에는 4명에서 시작했지만, 현재는 15~20명 정도의 규모를 유지할 만큼 몸집이 불어났습니다. 총무님 등 초창기 멤버들의 활약이 특히 눈부셨죠.

Q. 저시력 축구의 특징을 소개해 주세요.

A. 경기는 5:5로 진행되며 룰은 풋살과 대동소이합니다. 다른 점이 있다면 선수 구성 조건인데요. 시각장애인 축구는 필드 플레이어 4명이 모두 시각장애인 선수여야 하고, 골키퍼 포지션에만 비장애인 선수를 배치할 수 있어요.

시각장애인 위주로 경기가 진행되어야 하기 때문에 골키퍼의 개입을 최소화한다는 것도 특징이죠. 시각장애인 축구에서는 골키퍼가 페널티 에어리어를 벗어나면 무조건 페널티킥이 주어지고, 골키퍼는 무조건 발이 아닌 손으로 공을 방출해야 해요. 볼 전개 상황에서 아군끼리 공을 돌리다가 백패스를 할 경우에는 간접 프리킥이 주어지고, 골키퍼로부터 방출된 공은 한 번에 중앙선을 넘을 수 없다는 규칙 등이 풋살과 다른 점이죠. 기본적으로는 시각장애인들을 배려하고 경기 진행을 더 유연하게 하려고 만든 조항이지만, 실제로 경기를 해 보면 상당히 공격적인 축구를 만드는 룰이라는 것을 알 수 있습니다.

Q. 가장 기억에 남는 대회는 언제인가요?

A. 2012년 전국 장애인체전에 나가서 우승했을 때가 기억나네요. 당시 저희 팀은 대회 참가를 위한 선수 등록도 겨우 했을 정도로 선수도 부족하고 환경도 열악했어요. 게다가 토너먼트 대진운도 좋지 않아 결승까지 올라가려면 참가한 9개 팀 중에서 가장 많은 경기를 치러야

했죠. 하지만 놀랍게도 선수늘이 경기를 치를 때마다 실력이 점점 좋아졌어요. 결국, 우승까지 하게 되었죠. 즐거운 마음가짐으로 대회에 임한 게 도움이 되었을까요?

Q.   가장 감동적이었던 순간은 언제인가요?

A.   시각장애인 중에는 장애 때문에 운동 자체를 할 수 없다고 생각하는 분들이 많아요. 사실은 마음만 먹으면 충분히 할 수 있는데 말이죠. 자신은 운동을 할 수 없을 거로 생각하셨던 분들이 팀에 합류해 꾸준히 운동하고, 실력이 나아지는 모습을 볼 때가 가장 감동적이에요. 어찌 보면 축구가 한 사람의 인생을 바꿔 놓은 거잖아요.

Q.   저시력 축구단만의 장점은 무엇인가요?

A.   전맹부와 달리 약시부는 장애인과 비장애인이 한데 어울려 운동을 할 수 있어요. 장애라는 벽을 허물고 편견 없이 함께 땀을 흘리고 실력을 겨룰 수 있다는 것이 커다란 매력이죠. 다른 스포츠의 경우 비장애인이 활동하는 팀에 장애가 있는 분들이 합류하는 경우가 일반적인데요, 서울시 저시력 축구단은 시각장애인분들이 창단한 팀에 비장애인 회원들이 합류하여 함께 활동하고 있어요.

Q.   서울 저시력 축구단의 비전과 목표가 궁금합니다.

A.   약시부는 전맹부보다 알려지지 않은 편이에요. 전맹팀과 대회에
        많은 관심을 보여주시는 것도 좋지만, 저시력팀에도 많은 관심과
        사랑을 부탁드려요. 이번 인터뷰를 계기로 저시력 축구와 서울시
        저시력 축구팀이 더 널리 알려지면 좋겠습니다. 그래야 시각장애인
        축구팀도 많아지고, 리그도 활성화될 테니까요.

김동진 감독에 이어 서울시 저시력 축구단에서 활동하고 있는 김남선 선수를
만나 저시력 축구선수로서의 삶에 대한 이야기를 묻고 들어보았다.

Q.   저시력 축구팀은 어떻게 알고 입단하셨나요?

A.   열여섯 살 때부터 눈이 급격히 안 좋아졌어요. 그 전에는 일반인과
        다름없이 생활했었죠. 갑자기 찾아온 장애로 무척 힘든 시간을
        보냈어요. 앞도 잘 보이지 않았고, 자신감도 사라져 이십 대 초반까지
        아예 운동을 하지 못했어요. 그러던 어느 날 제가 다니던 대학교와
        연계된 시각장애인 복지관에 저시력 축구팀이 있다는 사실을 알게
        됐어요. 곧바로 팀에 가입했죠. 처음에는 대학교가 있던 천안 저시력
        축구단에서 뛰다가, 서울에 취업한 후에는 서울팀으로 이적했어요.

Q.   개인적으로 좋아하는 팀과 선수가 있나요?

A. 맨체스터 시티와 세르히오 아구에로 선수를 가장 좋아해요.
13/14시즌부터 축구를 보기 시작했는데 마침 그때 프리미어리그
우승팀이 맨체스터 시티였거든요. 플레이 스타일도 마음에 들고,
선수들 면면도 매력이 넘쳐서 맨체스터 시티를 응원하게 되었습니다.
제 포지션이 공격에 가깝다 보니 아구에로와 같은 스트라이커의
움직임을 자주 보게 돼요. 수년째 시티를 이끄는 레전드급 선수이니
저도 분발해야겠죠?

Q. **축구 경기 중 가장 기억에 남는 순간이 있다면 언제인가요?**

A. 2016년 10월에 열린 장애인 전국체전 축구 준결승전이 기억나요.
경기 막판에 제가 넣은 골로 팀이 결승에 진출할 수 있었거든요.
비록 팀은 대회 준우승에 머물렀지만, 준결승전에서 골을 넣은 그
순간만큼은 꿈처럼 달콤하게 남아 있습니다.

Q. **김남선 선수에게 축구란 어떤 의미인가요?**
앞으로의 목표가 있다면 이야기해 주세요.

A. 저는 일주일 중에 토요일 아침이 가장 행복해요. 금요일 밤만
되면 벌써 축구할 생각에 가슴이 떨려오는데요. 주중 업무로 인한
스트레스를 땀과 함께 모두 날려 버릴 수 있어서 정말 좋아요.
앞으로 서울시 저시력 축구단 팀원들이 더욱 건강하게 취미 생활을
이어나가길 바라고, 더 잘 준비해서 팀도 좋은 성적을 거두면
좋겠습니다.

인터뷰를 마친 후 서울시 저시력 축구단 팀원들과 연습 경기를 함께했다. 직접 뛰어보니 선수들의 실력은 듣던 것보다 훨씬 더 훌륭했다. 무엇보다 경기장에서 서로를 배려하고 이해하며 따뜻한 말을 주고받는 것이 인상 깊었다. 두 차례의 연습 경기가 끝나고, 느지막이 경기장에 도착한 팀원들이 보였다. 고단했던 일주일의 피로가 아직 가시지 않은 모습. 하지만 좋아하는 축구가 바로 앞에 있기에 선수들의 표정은 하나같이 밝았다.

08

피파 덕후,
게임 속으로 들어가다

박철민

한창 수능 준비로 바빴던 2006년 5월. 세상에 나와서는 안 될 게임이 출시되었다. 인기 비디오 축구 게임이었던 피파 시리즈의 온라인 버전이 전 세계 최초로 대한민국에 출시된 것이다. 피파 온라인은 스타크래프트나 디아블로 못지않은 악마의 게임이었다. 당시 고3이었던 나와 내 친구들도 피파 온라인을 하기 위해 매일 같이 PC방으로 향했고, 때로는 공부가 아닌 게임으로 밤을 지새웠다. 하지만 우리 중 누구도 멈출 수 없었다. 피파는 그런 게임이었다. 이번 인터뷰의 주인공인 박철민 또한 운이 나빴다. 피파 온라인이 출시되었을 당시 나와 같은 고3이었고, 공부보다 게임에 더 빠져들었다. 하지만 그에게는 우리와 다른 점이 있었으니, 바로 피파 온라인의 제작사인 일렉트로닉아츠 코리아(이하 EA 코리아)에 입사한 것이다.

Q.   안녕하세요. 반갑습니다. 자기소개 부탁합니다.

A.   EA 코리아의 박철민입니다. 대외 극비 사항이라 정확한 직무를
     말씀드리기는 어렵지만, 유저들이 더욱 피파 온라인을 즐겁게
     즐길 수 있도록 게임에 생명을 불어넣는 일을 하고 있습니다.

개인적으로는 '챨리의 사커라클'이라는 축구 블로그도 운영하고
있고요.

Q. 사커라클은 무슨 뜻인가요?

A. "축구는 기적이다."라는 뜻입니다. 축구의 미국식 표현인
사커(Soccer)와 미라클(Miracle, 기적)을 합쳐 사커라클이
완성되었습니다. 축구로 모든 사람이 행복해졌으면 좋겠다는 의미도
담겨 있습니다.

Q. 입사하게 된 경위가 궁금해요.

A. 한국프로축구연맹에서 주관하는 축구산업아카데미(3기)를 수료한
후에 축구계 안팎으로 다양한 경험을 하고 있었어요. 그러던 중
아카데미 동기들이 저에게 딱 어울리는 포지션이 있다며 채용
정보를 알려줬는데, 제가 좋아하는 게임을 만든 회사였어요. 이거다
싶었죠. 열심히 서류를 준비하고 면접을 거쳐 합격했습니다. 정확히
어떤 이유로 합격했는지는 모르지만, 입사 후에 사수님이 제가
지원자 중 게임 레벨이 가장 높았다는 이야기를 해 주신 적이 있어요.
지금껏 열심히 해온 덕질이 헛되지 않았다는 생각이 들었죠.

Q. 좋아하는 것이라도 막상 일이 되면 힘들다는 이야기가 있잖아요,
회사 생활은 어떠세요?

A. 우선 제가 좋아하는 축구로 돈을 벌고, 그것으로 밥을 사 먹을 수 있다는 사실이 가장 행복해요. 고등학교 때부터 해오던 게임을 직접 만들고 있다는 것도 신기하고요. 여기는 축구에 대한 열정 하나만 있어도 존중받을 수 있는 곳이라 즐거운 마음으로 다니고 있습니다.

Q. 언제부터 축구를 업으로 삼아야겠다고 생각했나요?

A. 첫 유럽 여행이 계기가 되었어요. 런던에 있는 스탬포드 브릿지(첼시의 홈구장) 스타디움 투어를 한 적이 있는데 그곳에서 일하는 분들의 표정이 하나같이 행복해 보여서 놀랐죠. 다른 클럽들의 스타디움 투어에서도 비슷한 느낌을 받았어요. 화장실 청소를 하시는 분이나, 잔디를 관리하시는 분, 복도에서 만난 스태프 누구도 힘들거나 지쳐 보이지 않았어요. 다들 자기가 좋아하는 클럽을 위해 행복하게 일하는 모습을 보고 나도 그렇게 살면 좋겠다는 생각이 들었죠.

Q. 스포츠와 관련된 일을 하고 싶은 분들에게 조언 부탁드려요.

A. 순수하게 스포츠를 좋아하는 마음, 그 자체만으로도 훌륭한 준비라고 생각해요. 일할 때 정말 필요한 건 지식보다 열정이니까요. 언젠가 자신의 열정을 증명해야 할 때를 대비해서 블로그나 페이스북과 같은 자신만의 채널에 일기 쓰듯 자신의 덕질을 기록해 두시는 것도 도움이 될 것 같아요.

Q. 앞으로의 계획이 궁금합니다.

A. 우선 지금 이곳에서 최대한 많은 경험을 쌓고 싶어요. 축구 산업
    전반에 대해 배울 수 있고, 조직 문화도 훌륭하거든요. 즐겁게 일하면
    훌륭한 결과물이 나온다는 사실을 몸으로 깨닫고 있습니다. 축구는
    기적이라는 말을 믿고 기적을 만드는 데 일조할 생각입니다.

찰리의 사커라클
http://blog.naver.com/white2ben

09
누구나 주인공이 될 수 있다
고고고알레알레알레

축구를 좋아하는 청년이 있었다. 그는 친구들과 함께 뛰면서 땀을 흘리고 공을 찰 때 가장 행복하다고 느꼈다. 그러나 청년은 운이 좋지 못했다. 축구를 하던 중 십자인대가 끊어지고 만 것이다. 그의 몸을 들여다본 의사는 더 이상의 축구는 안 된다고 만류했다. 청년은 겁이 났다. 축구를 할 수 없을지 모른다는 사실도 무서웠지만, 지금껏 그라운드 위를 열심히 누비며 해왔던 플레이들을 어디에서도 볼 수 없다는 사실이 가장 두려웠다.

청년의 두려움은 지금의 고고고알레알레알레(이하 고알레)를 탄생시킨 원동력이 되었다. 그는 아마추어 축구인들이 경기하는 모습을 찍어 세상에 하나뿐인 하이라이트 영상으로 만들어 주겠노라 다짐했고, 그렇게 다시 그라운드 위에 설 수 있었다. 봄 햇살이 따뜻했던 지난 2017년 4월, 고알레 박진형 공동 대표를 만났다.

Q.   감동적인 이야기입니다. 본인의 이야기인가요?

A.   아닙니다. 이 이야기는 공동 창업자인 윤현중 대표의 이야기예요.
     당시 저는 영국에서 여행업 관련 석사 공부 중이었는데 어느 날
     갑자기 친구인 윤 대표가 전화를 걸어 세상을 바꿀 수 있는

아이디어가 있다며 호들갑을 떨었습니다. 드론으로 아마추어 축구 경기 영상을 찍어 하이라이트로 만들자는 것이었죠. 다른 공부를 하고 있던 터라 처음에는 거절했지만, 얼마 후 동네 펍에서 할아버지와 손자가 함께 축구 경기를 보는 모습을 보고 한국으로 돌아와 함께 사업을 시작하게 되었습니다. 한국에도 이렇게 열정적인 스포츠 문화가 있으면 좋겠다는 생각이 들었거든요. 당시 드론 촬영 및 운영 파트는 윤현중 대표가, 콘텐츠 파트에서는 윤 대표의 또 다른 지인인 이병욱 대표가 베타 테스트를 완료한 상황이었고, 저는 서비스 오픈 직전에 합류하게 되었습니다.

Q.   **창업 초기에 우여곡절이 상당히 많았다고 들었습니다.**

A.   맞습니다. 초반에는 저희가 기대했던 것보다 수요가 상당히 적었거든요. 기존에 없던 서비스였기 때문에 고객들에게 저희 브랜드와 서비스를 알리는 데만 수개월이 걸렸습니다. 직접 경기장에 찾아가서 촬영하고, 밤새 편집해야 콘텐츠를 만들 수 있는 구조이다 보니 시간과 노력도 많이 들었고요. 어떻게든 힘을 내서 버티기를 시전하고 있었는데, 갑자기 페이스북 페이지에 올렸던 동영상들이 온라인에서 화제가 되기 시작했습니다. 이것을 계기로 언론사 인터뷰도 하게 되고, 페이지 팔로워도 늘어났습니다.

Q.   **지금은 영상 촬영 외에도 트레인 위드 알레, 풋살 위드 알레 등 다양한 방식으로 서비스가 확장되었습니다.**

A. 생소하신 분들을 위해 소개하자면 트레인 위드 알레(Train with ALE)는 아마추어 축구선수들이 축구를 배울 수 있도록 돕는 프로그램이고, 풋살 위드 알레(Futsal with ALE)는 풋살의 전술과 룰에 대해 알아보는 프로그램입니다. 두 프로그램 모두 '고알레가 아마추어 축구인 여러분께 제공할 수 있는 서비스가 다양했으면 좋겠다.'라는 생각에서 기획되었고 많은 분들의 도움을 받아 운영되고 있습니다.

Q. 서비스를 운영하면서 기억에 남는 일이 있다면?

A. 가장 먼저 경기장에 영상 촬영을 나갈 때마다 항상 "잘 부탁드립니다.", "고맙습니다."라고 해 주셨던 축구 동호회원분들이 떠오르네요. 사실 저희 입장에서는 이분들이 고객이고, 저희가 먼저 이런 말씀을 드려야 하는데 매번 한 타이밍 늦는 것 같아 죄송스럽습니다. 개중에는 격려의 말씀뿐 아니라 종종 음료수나 간식을 챙겨주시는 분들도 계시는데요. 그럴 때면 카메라와 드론 조종에 영혼을 담아야겠다는 생각이 듭니다.

트레인 위드 알레에서 뵈었던 분들도 기억납니다. 다들 축구에 대한 열정이 가득하셨는데요. 주말마다 외박을 얻어 대구에서 서울로 올라와 축구를 배우고 내려가시는 현직 카투사 부대원도 있었고, 매주 거제도에서 비행기를 타고 오는 지원자도 있었습니다. 이런 분들을 만나면 뿌듯한 동시에 정신을 바짝 차리게 됩니다. 혹여 멀리서 오시는 걸음이 헛되지 않도록 잘 준비해야겠다는 생각도 들고요.

개인적으로는 풋살 국가대표 최경진 선수와 풋살 위드 알레를 준비하면서 풋살의 세계를 접하게 된 것이 기억에 남습니다. 풋살 국가대표가 있다는 것도 이때 처음 알았고, 풋살이 축구의 대체제가 아니라 독립적인 스포츠 종목이며, 매력 또한 무궁무진하다는 것을 몸소 체험하게 되었습니다. 무엇보다 풋살 위드 알레를 통해 잘 알려지지 않은 스포츠 종목과 문화를 널리 알린다는 점이 고알레가 추구하는 방향과도 잘 어울린다고 생각합니다.

Q. 회사 이름과 닉네임이 특이합니다.

A. 베타 테스트 기간에는 '마이 스페셜 모먼트(MY SPECIAL MOMENT)'라는 이름을 사용했습니다. 영상 촬영과 제작에 초점을 맞춰 지은 이름이었는데요. 2015년 12월 4일 본격적인 서비스 오픈을 앞두고 지금의 '고고고알레알레알레'로 사명을 바꾸게 되었습니다. 당시 서비스 이름을 두고 계속해서 회의가 진행 중이었는데 윤현중 대표가 리키 마틴의 'The Cup of Life(La Copa De La Vida)'라는 노래를 듣고 오더니 사명을 '고고고알레알레알레'로 바꾸는 것이 어떻겠냐고 제안했습니다. 곡 후렴구에 '고고고알레알레알레'라고 외치는 부분이 있었거든요. 사실 처음에는 이름이 너무 길고 기억하기도 어려울까 봐 걱정을 많이 했는데요, 지금은 잘 알려진 곡이고 계속 부르다 보니 정감이 가는 사명이라 잘 선택했다는 생각이 듭니다. 다만, 이름이 너무 길어 외부 미팅을 가거나 전화상으로 소개할 때는 줄여서 '고알레'라고 부르고 있습니다. 팬들도 고알레로 불러주시고요.

'상도동 말디니', '양천고 라키티치' 같은 닉네임을 사용하는
이유는 아마추어 축구인 여러분께서 저희가 촬영하고 편집한
영상에서만큼은 호날두, 메시 부럽지 않은 주인공이 되었으면 하는
바람 때문입니다. 기억하기도 쉽고요.

Q.   고알레만의 강점은 무엇이라고 생각하시나요?

A.   고알레는 아마추어들의 이야기를 콘텐츠로 다루지만, 그것을 가장
프로페셔널하게 만드는 서비스라 자부하고 있습니다. 저희도 이
분야에 전혀 경력이 없었던 아마추어에서 시작했고요. 그렇기 때문에
서툴고 더딜지 몰라도 하나씩 차근차근 성장해나갈 계획입니다.
그러다 보면 언젠가는 프로의 발뒤꿈치에 닿는 날이 있겠죠?

Q.   앞으로의 계획과 비전이 궁금합니다.

A.   고알레의 슬로건 중 하나가 '아마추어 축구의 새로운 문화를 만들어
갑니다.'인데요, 문화는 어느 한 곳에서 선도한다고 만들어지는 것이
아니라 대중으로부터 자연스럽게 만들어지는 것이라고 생각합니다.
이 무대에서의 대중은 아마추어 축구를 즐기는 모든 분들이겠죠.
저희가 하는 모든 일이 아마추어 축구의 새로운 문화를 만드는
단초가 되길 바랍니다.

Q.   마지막 질문입니다. 고알레에게 축구란 무엇인가요?

A.   '친구'라고 생각합니다. 축구와 친구는 고알레의 원년 멤버 세 명을
      만나게 해 준 키워드이고, 축구가 저희와 24시간 함께하는 친구 같은
      녀석이기 때문인데요. 고알레는 앞으로 아마추어 축구를 좋아하고
      사랑하는 모든 분께 친구 같은 존재가 될 때까지 열심히 달릴
      생각입니다. 많은 응원과 격려 부탁드립니다.

에필로그

: Road to Ronaldo

Road to Ronaldo

2016년 11월 1일, 나는 29년 인생에서 가장 값진 생일 선물을 받았다. 브런치북 프로젝트에서 상을 받아 이 책을 출간하게 된 것이다. 내가 가장 사랑하는 축구를 주제로 책을 쓸 수 있다니! 본격적인 원고 작업을 시작하기까지 일주일의 시간적 여유가 주어졌다. 지금이야말로 그동안 미뤄왔던 포르투갈 여행을 실천에 옮길 때라고 생각했다.

생애 첫 유럽 여행지로 포르투갈을 정한 이유는 영화 〈리스본행 야간열차〉도, 세상에서 가장 맛있다는 에그타르트도 아닌 '축구'였다. 나에게 포르투갈은 주제 무리뉴와 크리스티아누 호날두를 배출한 나라이며, 유로 2016에서 우승을 차지한 유럽 축구의 챔피언이다. 나는 포르투갈에서 일주일 동안 천천히 무리뉴와 호날두의 흔적을 찾기로 했다.

프랑크푸르트행 보잉747에서 만난 레전드

이번 여행은 홀로 떠나는 첫 해외여행이기도 했다. 준비 과정에서부터 어려움이 많았는데, 특히 15시간에 육박하는 비행시간을 어떻게 보낼지가 고민이었다. 나름대로 시간을 알차게 보내겠다고 챙긴 랩탑과 책 두 권은 금세 가방으로 돌아갔다. 비행기가 인천 공항을 떠난 지 다섯 시간쯤 되었을까? 볼일을 보고 자리로 돌아온 내게 앞자리의 어르신께서 말을 거셨다.

"젊은이, 혹시 운동 좋아하지 않아요?"

갑작스러운 질문에 흠칫하고 놀라 어떻게 아셨냐고 여쭸더니 트레이닝복

에필로그

차림인 내 모습을 보고 유추하셨다고 한다. 관록의 힘이란. 내게 말을 건넨 어르신은 대한민국 유도 레전드인 경기대학교 정이수 교수님. 현재 독일 볼프스부르크에 거주하는 교수님께서는 매년 정기적으로 한국 일정을 소화하시는데, 한국에서의 일정을 마치고 돌아가던 중 프랑크푸르트를 경유해 리스본으로 가는 나와 비행기 앞뒤 자리에서 만나게 된 것이다.

사회인 축구를 주제로 책을 쓰고 있다고 말씀드리니 교수님은 크게 반가워하며 많은 이야기를 해 주셨다. 대한민국 국가대표 유도선수로 활약하던 1960년대 이야기, 현역 은퇴 후 지도자 생활을 하다가 대한유도회 추천을 받아 독일로 간 이야기, 독일 유도 분데스리가 폭스바겐팀의 지도자를 맡아 독일 국가대표 선수들을 육성하고 유럽을 제패한 이야기 등 낯선 타국 땅에서 오로지 유도에 대한 열정과 실력만으로 역사를 만든 교수님의 이야기는 마치 한 편의 영화 같았다. 특히 일흔이 넘은 나이에도 현역 선수들과 유도 경기를 하신다는 이야기가 인상적이었다.

"직접 경험해 보지 못하면 알 수 없고, 알지 못하면 가르칠 수도 없어요. 축구도 마찬가지 아닌가요? 언제 한번 독일에 와요. 같이 축구 보러 갑시다. 축구는 독일이 최고지!"

딱 30분만 더 이야기를 나누면 좋겠다고 생각한 순간, 프랑크푸르트 공항에 도착했다는 기내 방송이 흘러나왔다. 아쉬움을 뒤로한 채 교수님과의 만남을 마무리했다.

낯선 공항에서 우상을 만나다

프랑크푸르트에서 세 시간을 더 날아간 후에야 리스본 공항에 도착했다. 현지 시각은 밤 11시. 몸은 상상했던 것 이상으로 피곤했고, 어서 숙소로 가서 쉬고 싶은 마음뿐이었다. 수화물을 찾는 곳으로 발걸음을 재촉했다. 그런데 그곳에서 아주 낯익은 얼굴을 발견했다. 세상에. 광주 FC 남기일 감독님을 이곳에서 만날 줄이야! 떨리는 마음으로 다가가 조심스레 말을 건넸다.

"저, 혹시 남기일 감독님 아니신가요?"

감독님은 광주 FC의 전지 훈련지를 물색하고 포르투갈 축구 문화와 선수를 살피기 위해 리스본에 왔다고 하셨다. 게다가 나와 마찬가지로 내일 저녁에 열리는 스포르팅 리스본과 레알 마드리드의 챔피언스리그 경기를 보러 갈 예정이라고. 서로가 오랜 비행으로 피곤했던 데다 한시바삐 숙소로 가야 하는 상황이라 길게 이야기를 나눌 수는 없었지만, 낯선 곳에서 만난 우상과의 대화는 정말이지 꿈만 같았다.

두 유 노우 벤피카?

스포르팅 리스본과 레알 마드리드의 챔피언스리그 경기는 이튿날 저녁 7시 45분으로 예정되어 있었다. 낮 동안 리스본 시내를 여행하고, 든든하게 배를 채운 뒤 경기장으로 가기 위해 택시를 잡아탔다.

"헬로 핸섬 가이! 아임 안드레, 웨얼 아 유 고잉?"
"아임 고잉 투 주제 알발라데 스타디움."

싱글거리며 웃던 안드레의 표정이 갑자기 진지해졌다.

"두 유 노우 벤피카?"

그는 스포르팅 리스본의 라이벌 클럽이자 연고지가 같은 축구 클럽 SL 벤피카의 팬이었고, 내가 스포르팅 리스본의 홈 경기장인 주제 알발라데 스타디움에 간다는 말에 라이벌 클럽의 팬심이 발동한 것이다. 축구 이야기가 시작되자 안드레는 운전보다 벤피카의 위대함을 설명하는 데 더 집중하는 듯보였다. 나는 그의 열정적인 축구 사랑에 감탄하면서도 무사히 그리고 제시간에 경기장에 도착할 수 있을까 걱정되기 시작했다.

하지만 그는 나의 불안한 눈빛은 아랑곳하지 않고 벤피카를 거쳐 간 선수들부터 시작해 현재 팀에서 뛰고 있는 재능 있는 선수들, 벤피카의 홈 경기장인 에스타디오 다 루즈 스타디움 투어가 얼마나 재미있는지 등 벤피카에 대해 자신이 알고 있는 이야기들을 전부 쏟아냈다. 벤피카의 상징이 왜 독수리가 되었는지를 듣고 있던 찰나 챔피언스리그 경기가 열리는 주제 알발라데 스타디움에 도착했고, 우리는 작별 인사를 나눠야 했다. 물론 안드레는 하고싶은 이야기가 더 남아 있는 것처럼 보였다. '밤을 새워도 모자라겠지….' 끝없는 그의 축구 사랑에 감탄하며 경기장으로 향하는데 귀에 익은 목소리가 뒤통수에 고함을 지른다.

"리멤버! 유 머스트 비짓 에스타디오 다 루즈!"

안드레의 마지막 인사였다.

호날두 컴백홈

내 좌석은 스포르팅 리스본 홈팬들로 가득한 응원석이었다. 웅장하고 아름다운 선율의 챔피언스리그 테마송이 경기장에 흘렀고, 선수들이 차례로 입장하기 시작했다. 크리스티아누 호날두, 가레스 베일, 지네딘 지단, 윌리암 카르발류, 브라이언 루이스… 월드 클래스 선수들이 하나둘 경기장에 모습을 드러낼 때마다 경기장 전역에서 플래시 세례가 쏟아졌다.

경기는 카림 벤제마의 역전골을 지켜낸 레알 마드리드의 2:1 승리로 끝났다. 하지만 스포르팅 리스본팬들의 놀라운 열기는 절대 패자의 것이 아니었다. 경기가 끝나자 4만 홈팬들은 최선을 다해 뛴 스포르팅 리스본 선수들에게 격려의 박수를 보냈고, 선수들 또한 경기장을 돌며 팬들에게 감사의 박수를 보냈다.

곧이어 장내 아나운서는 레알 마드리드 선수인 크리스티아누 호날두의 이름을 불렀다. 나는 순간 놀랍고 의아했다. 호날두는 경기 전후반 내내 야유를 받았기 때문이다. 하지만 이번에는 야유가 아니라 커다란 박수와 함성이 쏟아졌다. 스포르팅 리스본 출신으로 조국 포르투갈을 유럽 챔피언의 자리에 올려놓은 슈퍼스타 호날두에게 보내는 찬사였다. 호날두 또한 손을 들어 팬들의 박수에 화답하는 훈훈한 장면이 연출되었다. 금의환향하는 아들과 이를 맞이하는 아버지의 모습이 떠오르는 순간이었다.

머플러 이펙트

경기가 끝난 후에도 감동이 쉬이 가시지 않았다. 샤워를 마치고 버스에

탑승하는 레알 마드리드 선수들을 사진에 담으려 30분 넘게 기다렸지만, 레알 마드리드 회장 플로렌티노 페레즈의 얼굴을 보는 것으로 만족해야 했다. 나는 노점에서 파는 5유로짜리 스포팅 리스본 머플러를 구매하는 것으로 아쉬움을 달래고 첫 챔피언스리그 직관을 기념했다.

다음날 날씨가 꽤 쌀쌀해서 지난밤에 구입한 머플러를 목에 두르고 숙소 문을 나섰다. 하지만 그때 나는 미처 알지 못했다. 리스본, 아니 포르투갈에서 특정 축구 클럽의 머플러를 하고 다니는 일이 얼마나 큰 나비효과로 이어질지.

〈포르투갈에서 머플러를 메고 다닌 일주일 동안 겪은 일들〉

. 행인들이 엄지손가락을 치켜세우거나 등을 툭 치고 지나감

. 지나가던 벤피카팬이 "너를 죽여 버리겠다."며 장난스레(!?) 협박함

. 도로를 지나가던 젊은 운전자가 갑자기 차를 세우더니
  "스포팅!"을 크게 외치고 지나감

. 스포팅팬들로부터 "Sporting is best club in the world."
  라는 말을 수없이 들음

. 스포팅 리스본의 팬인 버스 기사가 차내 방송으로
  '아시아에서 온 스포팅팬'을 언급함

. 리스본 시내에서 커피를 마시던 포르투갈 경찰이
  "이 친구 우리 팀이네!"라며 친한 척함

. 스포팅 리스본팬이 운영하는 레스토랑에서 서비스를 받음

- 골목에서 낮맥을 즐기던 포르투갈 청년들과 갑작스럽게 스포르팅 응원 파티

- 벤피카팬이었던 공항 직원이 "머플러를 풀지 않으면 검색대를 통과할 수 없다."며 장난(!?)침···

벤피카, 벨레넨세스 등의 연고 클럽이 있는 리스본 시민들은 물론 포르투갈에서 만난 거의 모든 사람에게는 '나의 축구팀'이 있었다. "Do you like football?"이라 묻는 나의 질문에 모두가 자랑스러운 표정을 지으며 자신이 응원하는 클럽의 이름을 말했고, 자신이 생각하는 축구와 클럽의 미래에 대한 자신만의 철학이 있었다. 나는 비로소 본업인 운전을 소홀히 여기면서까지 벤피카의 위대함을 이야기했던 택시 드라이버 안드레의 행동과 나의 머플러를 보며 다양하게 반응한 시민들의 행동이 이해되었다.

포르투갈 사람들은 축구팀을 곧 자신이 사는 도시로, 축구를 삶 그 자체로 여겼다. 같은 지역을 연고로 한 클럽끼리 라이벌 의식이 확고한 것도 그 때문이리라. 축구 경기가 있는 날이면 레스토랑에서는 TV에 뉴스나 예능이 아닌 축구 중계를 틀어 종업원과 손님이 함께 경기를 볼 수 있도록 했고, TV 채널은 축구와 관련된 프로그램으로 도배되어 있었다. 그들은 나를 동양에서 온 이방인이 아니라 자신들과 같은 스포르팅 리스본팬으로 바라봐주었다. 그 덕분에 나는 더 즐겁게 여행할 수 있었다.

포르투갈 여행을 마치고 난 후 나는 축구를 더 깊이 사랑하게 되었다. 그리고 열린 마음만 있다면 대한민국에서도 얼마든지 즐거운 축구 문화를 만들

수 있다는 확신이 생겼다. 물론 유럽과 같은 선진 축구 문화가 형성되려면 오랜 시간이 필요할 것이다. 하지만 작은 관심과 열정이 모인다면 충분히 가능하리라 믿는다.

이 책 또한 작은 관심과 열정으로부터 시작되었다. 축구에 대한 관심이 출간이라는 나의 오랜 꿈을 이루어 준 것처럼 이 책이 아마추어 축구에 대한 관심과 사랑으로 이어지길 바란다. 지금 이 순간 나에게 '축구'는 세상에서 가장 가슴 뛰는 단어다. 사랑하는 내 가족, 흙바닥에 넘어져 무릎이 까지고 멍이 들면서도 그저 축구가 좋아 공을 쫓아다녔던 여주 친구들, 그리고 존경하는 FC KARIS 팀원 모두에게 이 책을 바친다.